早稲田・慶應中学の社会
偏差値40台からの
大逆転合格法

望月 裕一 著

まえがき

はじめまして。早慶維新塾で社会科を指導している望月裕一《もちづきゆういち》と申します。

皆さんは、早慶維新塾を知っていますか。

早慶付属中学を第一志望校にしている方ならご存知の方も多いと思いますが、知らない方のために、どんな塾かを簡単に触れておきます。

早慶付属中学の合格率が全国ナンバー1の個別指導塾です。

そのように聞くと、優秀生ばかりを集めた塾かと思われますが、そうではありません。年間40名の定員を敷いて、その募集は「先着順」での申し込みとなっています。先着順のため、入塾段階での成績は不問なのです。私たちは、早慶付属中学であれば、「普通の子で合格できる」を実践しています。そして、そのことを証明している塾です。

私は、この早慶維新塾で社会科を担当しています。

私が担当してきた生徒は、毎年早慶付属中学に合格して、進学しています。さすがに全員とはいきませんが、合格率は8割近くになっています。

合格の報告に来てくれる生徒から、「先生のおかげで、合格できたよ！」と言われることが私たちの生きる活力になっています。

また、親御様からは、毎年のように、「今まで通ってきた塾では、全然成績が上がらなかった。先生にお会いできていなければ、うちの子は合格できませんでした。本当にありがとうございました。」との言葉をいただきます。このような言葉を多くの方々からいただくと、塾講師をやってきて良かったなと感じます。

そんな私が今回、本書を世に出したいと思ったのは、社会科が「苦手」でも、

「何とかしてわが子を早慶に合格させたい！」

「社会の勉強に苦しんでいるわが子が見ていられない！」

「こんなにも社会の勉強を頑張っているわが子を助けてあげたい！」

と思っていらっしゃる皆さんの力になりたいと思ったからです。

断言します。皆さんのお子様は、社会の勉強法を変えれば、成績は格段に上がります。今までの勉強が何だったのかときっと感じられるはずです。そして、『早慶の社会』のイメージが覆《くつがえ》されることでしょう。今までこんなに悩んでいたことが何だったのかと思うことでしょう。私と共に皆さんの大切なお子様を「苦手」な社会から解放させてあげましょう。そして、共に合格を手にしましょう。

さて、皆さんは『早慶の社会』というとどんなイメージをお持ちでしょうか。

☑「難関進学校のようにムズかしい知識を問われそう……。」
☑「覚えることが多すぎて大変……。」
☑「どうせ、最初から頭の良い子しか受からないんでしょ？」
☑「教科書や参考書レベルの問題は出ないんだから、やってもムダでしょ？」
☑「塾の最上位クラスの生徒ばかりが受験する学校だから、頑張っても無理！」

このようなことを感じていませんか。
でも実は、そうではないのです。
結論から申しますと、『早慶の社会』は難しくありません。努力すれば必ず合格できる学校です。
その理由をこれから説明しますので、まずはこちらをご覧ください。

【問題1】

問12　本文全体を読んだ上で考えてみましょう。以下の事例をあげます。問10にあるハンセン病訴訟後のできごと（事例1）、もう1つは最近のヨーロッパのできごと（事例2）です。これらを読んで、次の問いに答えなさい。

（問）　私たちの社会では、特定の人びとに対する感情がコントロールできなくなったときに、世間を騒がす「事件」に発展することがしばしばあります。なぜコントロールできなくなってしまうのでしょうか。特定の人びとに対する感情を説明した上で、どのようなきっかけで感情をコントロールできなくなるかについて120字以内で答えなさい。ただし、句読点も1字分とします。

この問題を見て、どのように感じましたか。はっきり言ってわかりませんよね。この内容を子ども達に教えるのであれば、相当の知識と解法テクニックがなければ無理でしょう。では、次に【問題2】を見てみましょう。

【問題2】

各問の1～5の出来事を年代の古い順に並びかえたとき、2番目と4番目にくる出来事を選びなさい。

問1
1 ペリーが浦賀に来航する
2 モリソン号事件が起きる
3 中国でアヘン戦争が起きる
4 渡辺崋山や高野長英が江戸幕府に処罰される
5 幕府が外国船打払令を出す

問2　1　伊藤博文が初代内閣総理大臣に就任する
2　秩父事件が起きる
3　板垣退助や大隈重信が政党をつくる
4　大日本帝国憲法が発布される
5　第一回帝国議会が開かれる

この問題なら、どうでしょうか。子ども達に教えられる内容ですよね。仮に答えがわからなかったとしても、調べれば何とか教えられるレベルではないかと思います。

まず、【問題1】は、男子御三家の麻布中学校の入試問題です。麻布中学校は、どの外部模試を見ても偏差値の上位にある超難関進学校です。この問題は、ひと目で難易度が高いということがわかります。大学の入試問題だと言われても違和感がないのではないでしょうか。麻布中学校は例年大問が1題のみで、答えを文章で論述させる記述式が9割出題されます。この設問の前には長い読解文があり、本文全体を読みこなす力が求められています。加えて、一般的な教養知識とそれを応用して考える力、字数制限のある中で、それを上手くまとめる文章力までもが問われています。

ちなみに、【問題1】の模範解答例は次のようなものです。

【解答例】

自分と価値観が異なる人や、自分に対して不利益を及ぼす人に対して、我々は不快感や不安感を抱くことになる。我々は、ニュースやインターネットを通じてそのような人びとに対する被害者意識を感じた時、怒りや不満の感情がコントロールできなくなる。（116字）

この解答例を見てもわかるように、小学生が普通に答えられそうな内容ではありません。大人でも簡単には答えられません。また、過去問から出題パターンを分析して入試に臨もうとしても、毎年「初見」の問題が出題されているため、対策も容易ではありません。つまり、御三家などの難関進学校は「**誰でも一生懸命に勉強すれば合格できる**」とは言えません。幼い頃から優れた暗記力・ひらめき・集中力などを発揮するような「早熟」な子どもでなければ、合格することは難しいと言われています。

一方、**【問題2】**は慶應義塾大学の附属校、慶應義塾中等部の入試問題です。慶應義塾中等部も御三家と同様、偏差値だけで見ると、どの模試でも上位にある超難関附属校です。特に女子に至っては、女子御三家よりも偏差値だけ見れば、上位に位置する学校です（首都圏模試センター合判模試偏差値より）。この問題は、歴史的な出来事の2番目と4番目を記号で答えさせる問題です。慶應義塾中等部の問題は、記号で答えさせる問題が8割出題されます。残りの2割は、短答式などの問題です。このように『早慶の社会』は日頃から練習を積んでおけば解ける問題が出題されるので、対策を立てることが十分に可能です。過去問をきちんとこなしつつ、適切な勉強をすることが求められています。適切な対応を行い、正しい努力をすることによって合格を勝ち取れる学校です。つまり、早慶は「**努力が報われやすい学校**」であると言ってもよいでしょう。

事実、私が教えたある生徒は、社会の偏差値が40台で、見事、慶應義塾中等部に合格しています。他にも私が教えてきた生徒たちは、偏差値が40〜50前半で毎年、早慶中学の合格を勝ち取っています。

では、なぜ彼らが早慶中学合格を勝ち取ることができたのか。その答えは、本書を読んでいただければ見つかります。きっと、今まで習ってきた社会が何だったのかと気づいていただけると思います。本書をきっかけにして読んでいただいた皆さんのお子様が社会を得意になって、早慶中学に合格してくれることを願っております。

令和2年6月吉日

早慶維新塾　社会科責任者　望月　裕一

第2章　早稲田・慶應の歴史

第3章 早稲田・慶應の公民

第4章　早稲田・慶應で合否に差がつく問題編

・早稲田編

・慶應編

第1章

早稲田・慶應の地理

・早稲田中学校編
～AKB48や乃木坂46が合否を分ける？～

【問題】

中学受験を目指す勝《まさる》くんと明《あきら》くんが雑談をしています。次の会話文を読んで、それぞれの問いに答えなさい。

勝「明くんは好きなアイドルは、いるの？」
明「イチオシは『AKB48』かな。『SKE48』や『NMB48』、『HKT48』も捨てがたいけど。」
勝「それぞれグループ名は地名に由来しているよね。」
明「うん。つい地図帳でそのグループの本拠地を調べたくなっちゃうから、地理の勉強にもなるよ！」
勝「AKBは秋葉原でしょ。他はどこ？」
明「SKEは愛知県の（あ）市の栄で、NMBは大阪市の難波、HKTは（い）市の博多だよ。」

勝「なんだか太平洋ベルトだね。他の地域にもあるの？」

明「『ＮＧＴ48』っていうのが半年ほど前に結成されたよ。②新潟市が拠点なんだ。あ！　海外にも同じようなグループがあるよ。」

勝「それらはどこが本拠地なの？」

明「1つは、東南アジアで最も人口が多い都市の首都の（う）だよ。もう1つは、世界で最も人口が多い国の中で経済の中心となっている都市（え）なんだ。」

勝「へぇ～！　アイドルにもグローバル化が進んでいるね。」

明「そうだね。ちなみに勝くんにも好きなアイドルはいるの？」

勝「僕は『乃木坂46』かな。」

明「乃木坂というのも地名だよね。」

勝「うん。東京の港区に「乃木坂」という坂があるよ。近くに乃木神社というものがあるんだ。日露戦争の激戦地だった旅順の攻撃を指揮した乃木希典《まれすけ》を祀《まつ》っているよ。」

明「そっか～、歴史の勉強にもなるね。」

勝「うん。一緒に社会の勉強をしよう！」

問1　（あ）～（え）にあてはまる地名を答えなさい。（あ）と（い）は**漢字**で答えること。

問2 （う）と（え）の都市について、次の各問に答えなさい。

（1） それぞれの都市の位置を地図中の1～7の中から1つずつ選び、番号で答えなさい。

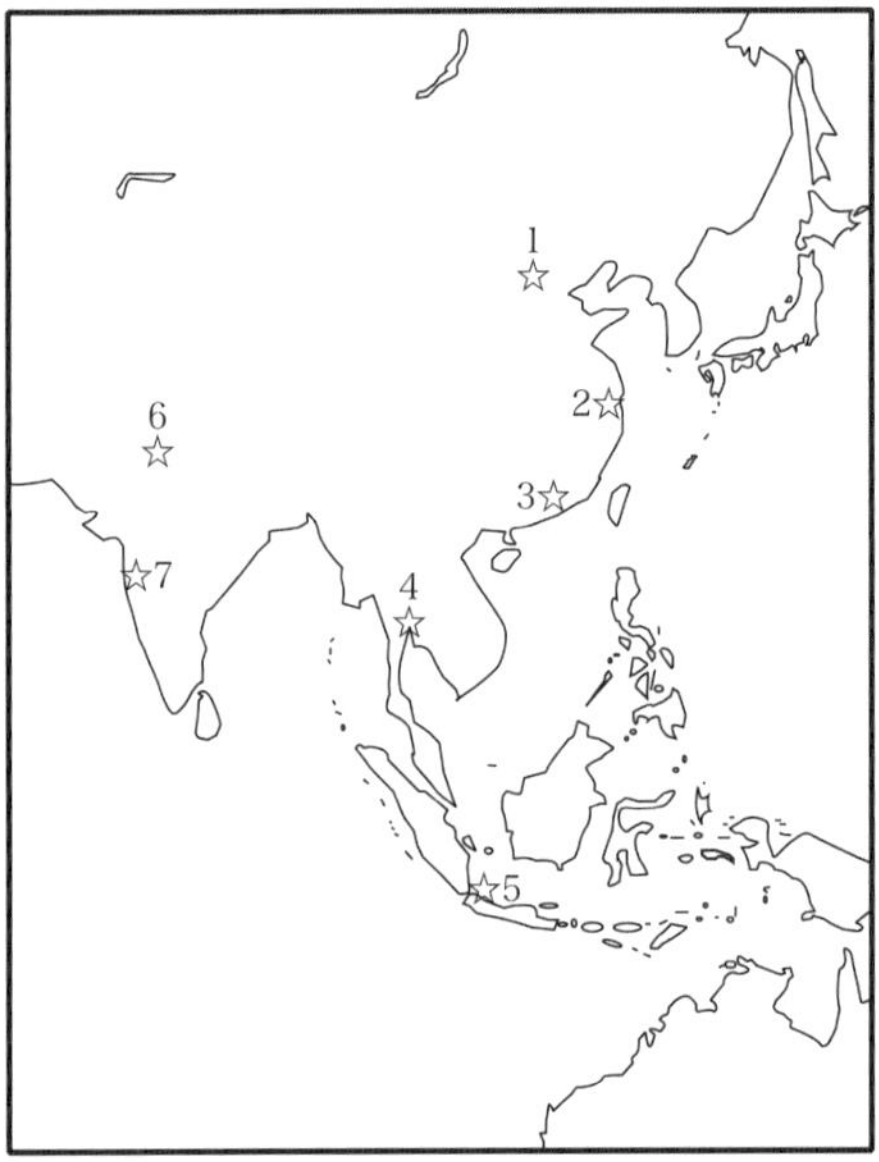

（2） 左の表は、世界のある5都市の気温と降水量を示したものです。このうち、（う）と（え）の都市と同じ気候に属する都市を、ア～オの中から1つずつ選び、記号で答えなさい。

〈早稲田中学校・平成28年度　改題〉

〈上段が月平均気温（℃），下段が月降水量（mm）〉

	1月	2月	3月	4月	5月	6月	7月	8月	9月	10月	11月	12月	全年
ア	21.1	23.8	28.2	32.1	34.6	35.0	32.5	31.1	31.9	31.0	25.9	22.3	29.1
	0.4	0.2	0.0	0.8	3.7	15.8	50.4	68.7	27.9	6.0	0.1	0.0	174.0
イ	25.0	24.8	23.5	21.1	18.3	15.6	14.8	15.6	18.2	20.5	22.3	24.0	20.3
	109.4	139.8	109.7	102.1	115.3	64.7	46.0	41.2	34.2	83.2	87.0	132.9	1065.5
ウ	24.4	24.6	22.8	19.5	16.3	13.7	12.7	13.2	14.6	16.6	19.7	22.1	18.4
	11.2	25.9	19.0	36.1	84.9	138.9	147.4	114.2	77.2	35.8	28.2	7.6	726.4
エ	-3.6	-3.1	0.6	7.1	12.4	16.7	20.5	22.3	18.1	11.8	4.9	-0.9	8.9
	113.6	94.0	77.8	56.8	53.1	46.8	81.0	123.8	135.2	108.7	104.1	111.7	1106.5
オ	27.4	27.0	27.6	28.0	28.3	27.8	27.7	27.6	28.0	28.5	27.6	27.4	27.7
	281.1	393.9	199.5	183.2	179.1	104.8	58.8	53.6	118.4	161.7	242.8	326.5	2303.4

【解答】

問1　あ　名古屋　い　福岡　う　ジャカルタ　え　シャンハイ（上海）

問2（1）う　5　え　2　（2）う　オ　え　イ

【ここがポイント！☞】

この問題は、女性アイドルグループ（AKBグループ・乃木坂46）の拠点を題材にしています。AKB48や乃木坂46といえば、人気のある女性アイドルグループですので、当然小学生も知っていることでしょう。問1の問題は、SKEとHKTの本拠地を聞いています。設問になっている会話文の前後を見てみると、SKEは愛知県の栄にあり、HKTは福岡県の博多にあることが書かれているので、それぞれ名古屋市・福岡市と答えることができます。

このように、**小学生が一度は知っている・見たことがある人やモノを題材にして、様々な角度から出題する**のが早稲田中学校・地理の特徴です。

また、早稲田中学校・地理には、もう一つの特徴があります。それは、**世界地理が例年出題**されるということです。この問題でも、世界地理が出題されています。問2のジャカルタとシャンハイの位置を選ばせ、さらにその地域と同じ気候の雨温図を答えさせる問題は、普段の学習でしっかりと対策をしていなければ、解けない問題です。ここが点数に差がつくところであると言ってもよいでしょう。

ちなみに、この場合ですと、ジャカルタは赤道に近く、一年を通して気温が高く降水量も多い熱帯の気候に属します。よって、答えはオになります。また、シャンハイは日本の鹿児島県とほぼ同緯度に位置しており、四季の変化がはっきりしている温帯の気候に属します。夏は気温が高く降水量も多いですが、冬は気温が低く乾燥する日が多いので、答えはイとなります。

【対策】

ポイントでも解説した通り、世界地理が例年出題されているので、普段の学習から対策を行っておかなければ、早稲田中学校の合格は勝ち取れません。そのためには、地図帳を有効活用していきましょう。地図帳というと、大抵の場合は白地図プリント等で、平野・山・川・島などを記入する事だけに使用すると思いますが、早稲田中学校を志望するのであれば、次に挙げる内容に注目して勉強しましょう。

①世界の国々と首都名・位置を覚える。
↓日本と同緯度の国・同経度の国を把握できる。また、赤道の位置も把握できる。
②人口の多い国上位14か国を覚える。
↓上位14か国は人口が1億人以上の国であり、日本もその中に含まれているから把握しやすい。
③面積の大きい国上位10か国を覚える。
↓面積の大きい国上位10か国は、人口の多い国上位11か国にも入っている国が多いため、人口密度を求めることができる。また、日本との面積の差も把握しやすい。

今、ポイントとして挙げた内容は、どれも早稲田中学校の入試問題で出題されたことのあるものばかりです。このように、普段見ていないところからも余すことなく出題されています。是非実践してください。

・早稲田実業学校中等部編
～早実に合格したいなら、時刻表を見ておくこと！～

【問題】

次の会話文を読んで、以下の問いに答えなさい。

3月末のある日

お父さん　「あと一週間で中学校の入学式か。いよいよ、ヨシオも中学生だな。」
ヨシオ　「うん。電車で学校まで通うのは大変そうだけれど、授業も部活も楽しみだよ。」
お母さん　「ヨシオはどの部活に入るの。ヨシオが好きな釣り部なんてないでしょ。」
ヨシオ　「さすがに同好会にも釣り部はないみたい。僕は自然が好きだから山岳部かな。」
お父さん　「お前は川での釣りが好きだからな。山が好きなんだね。父さんは海が好きだけどな。明後日の日曜日に、山じゃなくてたまには海にでも釣りに行くか。」
ヨシオ　「海もいいね。どこに行こうか。うーん、久しぶりに三浦半島に行こうよ。3月末だから、そろそろアジが旬を迎えるよ。」

お父さん　「よし、三崎港から釣り船に乗ってアジ釣りに決定だ。」
お母さん　「三崎港に行くなら、お土産にマグロを買ってきてね。」

問1　傍線部1について、図1を参考にして次の問題に答えなさい。

①　ヨシオ君は京急川崎駅の近くに住んでいます。学校へは、京急川崎駅から品川駅へ行き、JR線に乗り換えて、品川駅～新宿駅という経路で通います。次のページの時刻表は京急川崎駅のもので、平日の品川方面行き、平日の横浜方面行き、休日の品川方面行き、休日の横浜方面行きのいずれかを示しています。ヨシオ君が平日朝の通学に利用する時刻表はどれですか、A～Dの中から1つ選び、記号で答えなさい。

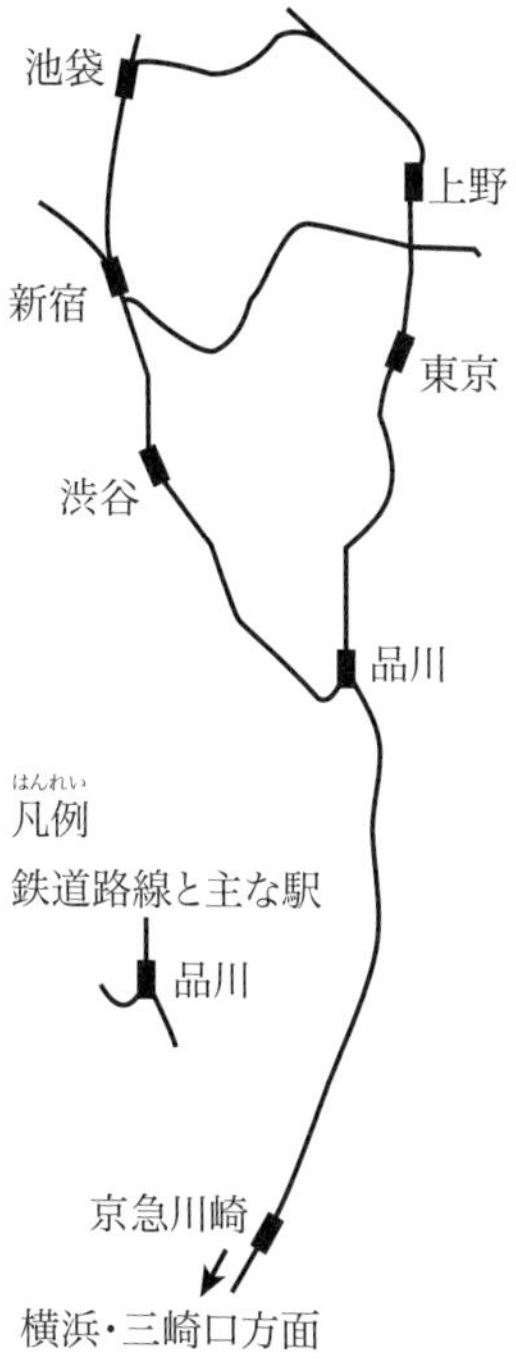

図1　ヨシオ君の通学路線

京急川崎駅　時刻表

A

時	
4	
5	02 22 41 55 59
6	12 16 32 33 42 50 52
7	00 04 09 13 14 16 20 25 31 32 37 41 48 50 51 53 59
8	00 06 07 09 12 13 17 22 23 26 31 33 38 43 44 47 50 51 54 56 57
9	03 05 06 10 11 14 16 20 24 26 28 35 37 38 45 47 48 54 56 57
10	05 06 12 13 16 21 23 28 32 33 39 43 43 48 51 52 58
11	00 02 08 10 12 18 20 22 28 30 32 38 40 42 48 50 52 58
12	00 02 08 10 12 18 20 22 28 30 32 38 40 42 48 50 52 58
13	00 02 08 10 12 18 20 22 28 30 32 38 40 42 48 50 52 58
14	00 02 08 10 12 18 20 22 28 30 32 38 40 42 48 50 52 58
15	00 02 08 10 12 18 20 22 28 30 32 38 40 42 48 50 52 58
16	02 03 10 12 13 17 23 24 28 33 35 39 43 44 51 52 57
17	01 02 06 07 12 15 16 22 23 25 29 33 34 37 41 44 45 48 51 54 55 57
18	00 02 04 06 10 12 14 16 20 22 24 26 30 32 34 36 40 42 44 46 50 52 54 56
19	03 04 06 10 13 14 16 23 24 26 30 33 34 36 42 43 46 51 52 56
20	02 03 06 10 12 15 21 22 26 31 32 36 41 42 46 50 51 54
21	01 02 05 09 10 14 19 20 29 33 34 36 40 41 46 50 51 59
22	03 04 08 12 13 16 20 22 29 33 35 43 44 53 54 59
23	04 05 14 18 19 27 28 36 45 46 53 59
24	00 15 16 31 36

B

時	
4	52
5	05 14 21 26 33 36 41 51 52 57
6	04 05 09 14 15 22 25 27 30 36 39 40 48 51 56
7	02 03 06 08 15 16 22 23 27 28 33 34 39 42 43 48 51 52 56 59
8	04 05 09 11 14 15 18 20 24 25 30 32 36 37 41 44 48 49 51 55 57 59
9	04 05 10 12 17 23 24 31 32 35 40 41 44 46 52 55 59
10	02 05 09 12 15 19 22 25 30 32 35 39 42 45 50 52 55 59
11	02 05 10 12 15 19 22 25 29 32 35 39 42 45 49 52 55 59
12	02 05 09 12 15 20 22 25 29 32 35 40 42 45 49 52 55 59
13	02 05 09 12 15 20 22 25 29 32 35 39 42 45 49 52 55
14	00 02 05 09 12 15 19 22 25 29 32 35 40 42 45 49 52 55 59
15	02 05 10 12 15 19 22 25 29 32 35 39 42 45 49 52 55
16	02 04 06 12 14 16 22 23 25 32 35 39 43 46 49 53 55 59
17	03 05 10 13 16 17 22 24 26 31 33 34 36 41 45 46 50 53 53 56
18	02 05 06 10 13 14 17 22 24 27 28 31 35 38 41 45 47 50 55 57
19	00 05 07 10 15 17 21 24 27 30 33 36 41 44 46 49 54 58
20	02 05 08 12 15 20 25 27 30 35 37 40 45 49 50 55 56 58
21	06 07 09 16 17 19 25 26 29 36 37 39 47 48 50 56 58
22	05 07 17 25 31 42 43 54
23	02 07 18 30 38 48 56
24	

C

時	
4	52
5	05 14 21 26 33 36 41 50 51 58 59
6	03 09 09 14 16 24 26 32 35 39 42 50 53 56 59
7	02 06 09 12 16 19 22 26 29 32 36 39 42 46 49 52 56 59
8	02 06 08 12 16 18 22 26 28 32 36 38 42 46 48 52 56 58
9	02 06 09 12 16 18 22 29 30 34 39 41 45 49 53 55 59
10	01 05 08 12 15 19 21 25 28 32 35 39 42 45 49 52 55 59
11	02 05 09 12 15 20 22 25 29 32 35 39 42 45 49 52 55 59
12	02 05 09 12 15 19 22 25 29 32 35 39 42 45 49 52 55 59
13	02 05 09 12 15 19 22 25 29 32 35 39 42 45 49 52 55 59
14	02 05 09 12 15 19 22 25 29 32 35 39 42 45 49 52 55 59
15	02 05 09 12 15 19 22 25 29 32 35 39 42 45 49 52 55 59
16	02 05 09 12 15 19 22 25 29 32 35 39 42 45 49 52 55 59
17	02 05 09 12 15 19 22 25 29 32 35 39 42 45 49 52 55 59
18	02 05 09 12 15 19 22 25 29 32 35 39 42 45 49 52 55
19	00 02 05 09 12 15 19 22 25 29 32 35 39 42 45 49 52 55 59
20	02 05 09 12 15 19 22 25 29 32 35 39 42 45 49 52 55 59
21	02 05 09 12 15 19 22 25 29 32 35 43 47 52 55 57
22	06 13 21 34 36 47 54
23	03 07 15 27 36 56
24	

D

時	
4	
5	02 22 41 57 57
6	12 13 19 25 28 40 43 52 56
7	05 09 14 15 23 24 29 34 38 39 43 48 49 54 58 59
8	05 09 10 15 19 20 25 29 30 35 39 40 44 48 49 54 58 59
9	04 08 09 14 19 20 24 28 29 34 39 40 43 48 52 53 59
10	01 02 08 10 12 18 20 22 28 30 32 38 40 42 48 50 52 58
11	00 02 08 10 12 18 20 22 28 30 32 38 40 42 48 50 52 58
12	00 02 08 10 12 18 20 22 28 30 32 38 40 42 48 50 52 58
13	00 02 08 10 12 18 20 22 28 30 32 38 40 42 48 50 52 58
14	00 02 08 10 12 18 20 22 28 30 32 38 40 42 48 50 52 58
15	00 02 08 10 12 18 20 22 28 30 32 38 40 42 48 50 52 58
16	00 02 08 10 12 18 20 22 28 30 32 38 40 42 48 50 52 58
17	00 02 08 10 12 18 20 22 28 30 32 38 40 42 48 50 52 58
18	00 02 08 10 12 18 20 22 28 30 32 38 40 42 48 50 52 58
19	00 02 08 10 12 18 21 22 28 31 32 38 41 42 48 51 52 58
20	01 02 08 10 12 18 21 22 28 31 32 38 41 42 48 51 52 58
21	01 02 08 11 12 18 21 22 28 31 32 38 41 42 48 51 52 58
22	03 04 12 13 21 24 25 34 37 38 46 47 51 59
23	02 06 18 20 29 30 37 46 50 51 58
24	01 09 13 14

②　①の答えを選んだ理由を30字以内で説明しなさい。

〈早稲田実業学校中等部・平成30年度　改題〉

【解答】

問1①　B　②（例）通勤・通学客が利用する、朝の列車本数がとくに多いから。

【ここがポイント！☞】

早稲田実業学校中等部・地理の特徴として、**データ・表から読み取り、これを分析して解答する**問題が例年出題されています。ここ数年の問題を分析してみると、自分が選んだ答えに対して、理由を書かせる記述問題がよく出題されています。この問題では、ヨシオ君が平日朝に利用する時刻表を選ばせ、なぜその時刻表を選んだのか理由を書かせています。

この問題を解く上でのポイントは、平日の朝に利用する時刻表であること。つまり、品川方面行きの時刻表を選ぶということです。その場合、平日を選ぶのですから、通勤・通学ラッシュ時（7時～8時）に列車本数が多いこと。そして、電車の待ち時間が短いことの2点が一致している選択肢を選ぶことになります。そのため正解は、BとCになります。ここまでは、皆さんも見つけ出せたと思います。

しかし、ここで厄介な点が発生します。それは、ヨシオ君が住んでいる地域が川崎市であるということです。川崎市は人口100万人以上の都市で、政令指定都市に指定されています。中には、横浜方面に通勤・通学で利用する人も当然いますので、BとCのどちらが品川方面行きなのか、横浜方面行きなのか区別がつきにくいはずです。そこで、もう一度問題文を読み直しましょう。「学校へは、京急川崎駅から品川駅へ行き、〜」と書かれているので、東京方面に行く電車の時刻表を選べばよいのです。そのため、答えはBになります。

また、②の理由を書かせる記述問題は、以上のことを踏まえて書けば良いので、「通勤・通学客が利用する、朝の列車本数がとくに多いから。」という答えになります。

【対策】

早稲田実業学校中等部の特徴として挙げた通り、データ・表から読み取れることを分析して解答する問題が例年出題されていますので、まずは、これを強化しなければなりません。中でも次に挙げる分野のデータは強化しておきましょう。

①農業

→農作物の生産順位の表・グラフから該当する農作物を答えられるようにする。

②水産業

↓海面漁業と養殖業で獲れる水産物の漁獲量順位の表・グラフから該当する水産物を答えられるようにする。また、日本の漁業種類別漁獲量の変化グラフから該当する漁業も答えられるようにする。

③工業

↓日本の工業地帯・地域の工業出荷額のグラフから該当する工業地帯・地域を答えられるようにする。

④貿易

↓日本の主な輸入品と輸入先のグラフから該当する輸入品や国名を答えられるようにする。

これらは、年度によって順位に変動がありますので、その都度、最新の統計資料を把握しておく必要があります。また、列車の時刻表のように、農業・水産業・工業・貿易以外の分野からも幅広く出題されますので、万遍なく対策をする必要があります。

●早稲田大学高等学院中学部編

～防風林《ぼうふうりん》のマイナス面を答えられるか？～

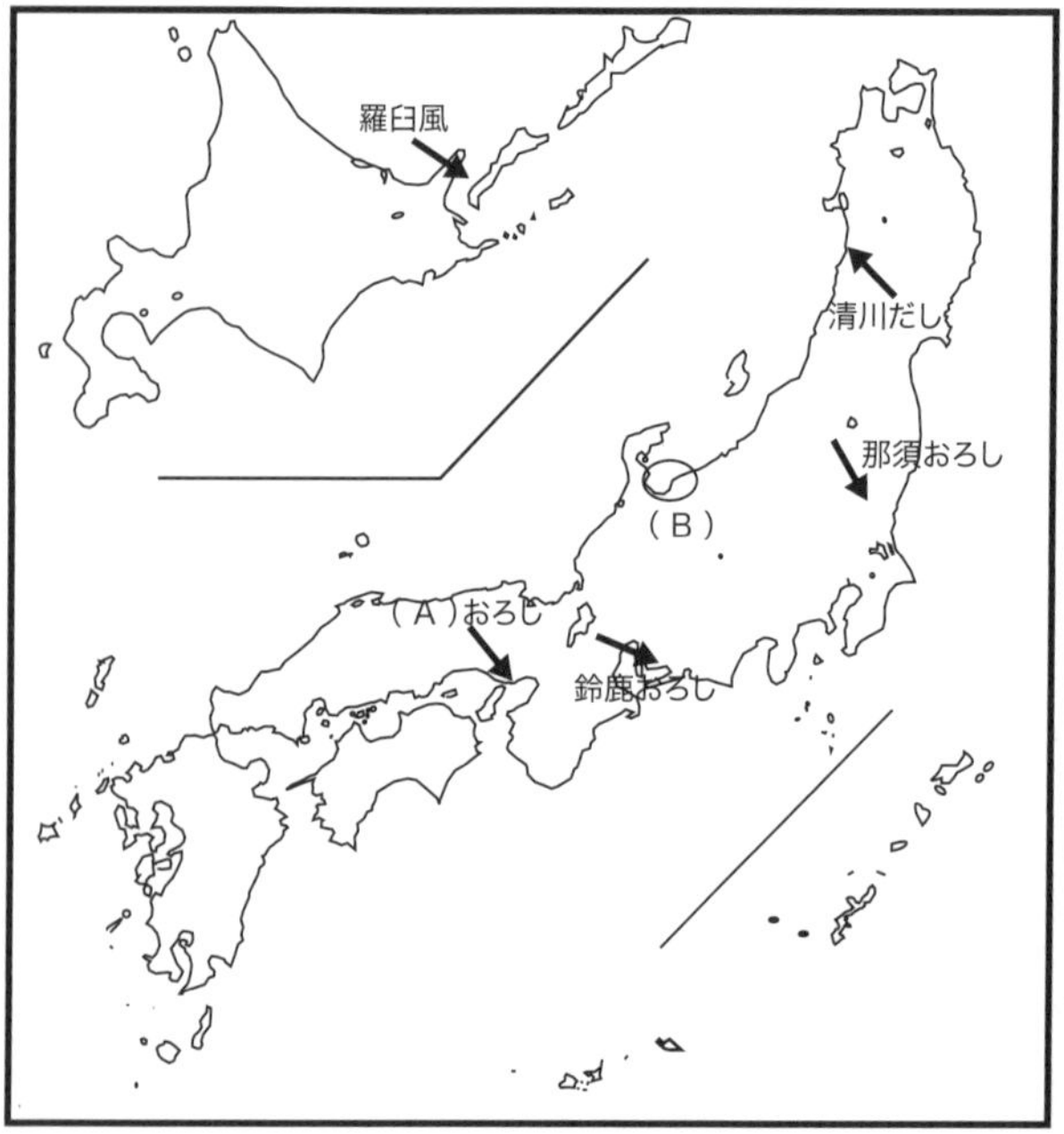

図1

【問題】

各地には、限られた範囲に吹く地域特有の風があり、この風を局地風と呼んでいます。図1は、いくつかの局地風とその風向きを示したものです。この図を見て以下の問に答えなさい。

問7　図1中に円で示した地域（B）も〝だし〟の影響を強く受ける地域である。この地域について以下の（1）（2）の問に答えなさい。

（1）次の文章中の空欄（①）（②）にあてはまる語句を答えなさい。
だしの影響を受ける（①）平野では、影響を防ぐためにも家屋の周囲に防風林を備えており、これを（②）と呼んでいる。現在、防風林は様々な理由によって減少している。

（2）右の文章の傍線部に関連して、次の表は、家屋の周囲に防風林があることのマイナス面を聞いたアンケート結果の上位を示したものである。1位と2位に入ると考えられる理由を1つ答えなさい。

順位	理由	%
1		33.3
2		28.2
3	健康に良くない	17.9
4	庭木が育たない	10.3
5	虫や蚊が発生する	5.1

自治体のアンケートより

〈早稲田大学高等学院中学部・平成30年度　改題〉

【解答】

問7　（1）　①　富山（砺波《となみ》）　②　屋敷林

（2）　（例）落ち葉の処理に困る。（家の中が暗い。・倒木による被害が出る。・木の維持や管理が大変である。）

【ここがポイント！☞】

早稲田大学高等学院中学部の特徴の一つに、**記述問題の出題が、他の早稲田系属・附属校の中で多い**ということがあります。今回の問題では、防風林があることのマイナス面を聞いた、アンケートの上位に挙げられた二つの理由を書かせる記述問題が出題されました。一般的な記述問題は、データ資料から読み取れることを記述させたり、本文に書かれている内容を踏まえて、自分の考えを記述させたりする問題が出題されます。一方、今回のような問題は、ランキングに入る内容を自分なりに考えて記述するタイプで、クイズを解いているような感覚です。とてもユニークな問題であるといえるでしょう。

【対策】

まず、（1）の問題は、地図（B）の位置がわかれば、解ける問題です。日本海に面していて能登半島の東に位置していることから、富山平野または砺波《となみ》平野であるということがわかります。

次に（2）の記述問題ですが、まず防風林のプラス面から考えてみましょう。防風林のプラス面で考えられる理由としては、

・風や雪を防ぎ、暑さや寒さを和らげる。
・落ち葉や小枝は燃料や肥料などに利用することができる。
・家屋の建て替えの際には建材を供給することができる。

などが挙げられます。イメージとしては、田舎《いなか》の一軒家《いっけんや》にあるような風景です。

一方、マイナス面は近年、住宅・マンションなどの増加に伴い、生活が近代化したことで考えられる理由をイメージすると良いでしょう。そうすると、

・落ち葉の処理に困る。
・家の中が暗い。

・**倒木による被害が出る。**
・**木の維持や管理が大変である。**

といった理由が挙げられるはずです。このように、**イメージしてから記述する**と答えは書きやすくなります。

・早稲田佐賀中学校編
～石狩鍋《いしかりなべ》の具材を知っているか？～

【問題】

A君が通う小学校では、「都道府県調べ」の課題が出された。A君は、各都道府県の情報と郷土料理を調べた。表1（次ページ）はA君がまとめた内容を抜粋したものである。表1を見て、あとの各問に答えよ。

問1　（2）表2は石狩鍋の具材のうち、北海道が収穫量1位である農作物の収穫量上位3道県についてまとめたものである。表2中A～Cの農作物の組み合わせとして正しいものを、次のア～カの中から一つ選び、記号で答えなさい。

〈早稲田佐賀中学校・平成26年度　改題〉

表1

8地方区分	都道府県名	都道府県の特色	郷土料理	具材
北海道地方	①北海道	畑作・稲作・酪農がさかんである	石狩鍋	鮭・豆腐・にんじん・たまねぎ・じゃがいも・だいこんなど
東北地方	（　②　）	七夕まつりが開催される	ずんだ餅	枝豆・砂糖など
関東地方	茨城県	（　③　）	そぼろ納豆	納豆・切り干し大根など
	④東京都	都心では再開発が進んでいる	くさや	ムロアジ・トビウオなど
中部地方	山梨県	⑤富士山の登山客が増加している	ほうとう	小麦粉・ネギ・カボチャ・白菜・シイタケ・鶏肉など
	⑥岐阜県	隣接する県が多い	栗きんとん	栗・砂糖など
	新潟県	⑦日本海側の気候である	笹寿司	⑧米・ワラビ・たけのこなど
⑨近畿地方	兵庫県	⑩日本の標準時子午線が通る	ぼたん鍋	猪肉・野菜・根菜・きのこ類・コンニャクなど
中国地方	（　⑪　）	2013年、出雲大社は60年に1度の本殿遷宮を迎えた	しじみ汁	しじみ・味噌など
四国地方	愛媛県	⑫瀬戸内海に面している	宇和島鯛めし	鯛・米・卵・ゴマなど
	⑬高知県	（　X　）が県魚となっている	（　X　）を使った料理	（　X　）など
九州地方	長崎県	⑭日本で一番島の数が多い	具雑煮	餅・里芋・白菜・シイタケ・春菊・鶏肉・ごぼうなど
	沖縄県	⑮日本最西端の島がある	沖縄そば	小麦粉・豚肉・紅生姜など

表2

	A	B	C
1位	北海道	北海道	北海道
2位	鹿児島県	佐賀県	千葉県
3位	長崎県	兵庫県	徳島県

（農林水産統計　2018年）

	ア	イ	ウ	エ	オ	カ
A	にんじん	にんじん	たまねぎ	たまねぎ	じゃがいも	じゃがいも
B	たまねぎ	じゃがいも	にんじん	じゃがいも	たまねぎ	にんじん
C	じゃがいも	たまねぎ	じゃがいも	にんじん	にんじん	たまねぎ

【解答】

問１（２）　オ

【ここがポイント！☞】

早稲田佐賀中学校・地理は、**各都道府県情報から読み取れることを答えさせる問題**が特徴としてあります。しかも、毎年必ず表にまとめて出題されますので、それなりの対策が必要になります。

今回の問題では、各地方の郷土料理に関する問題が出題されました。また、ほかの年度では、以下のような問題が出題されました。

・各都道府県にある温泉地・温泉郷
・各都道府県にある空港の正式名称とその通称・愛称
・数字から始まる市町村名
・動物を表す漢字が含まれる市町村名

このような情報は、普段の学習ではあまり扱うものではありません。特に、今回のような石狩鍋の具材に入っている、じゃがいも・たまねぎ・にんじんの生産順位の組み合わせを答えさせる問題は、知っていなければ解けません。この問題の場合、北海道が全て1位ですので、2位に入る都道府県が重要です。表2をそれぞれ見ると、Aの2位が「長崎県」・Bの2位が「佐賀県」・Cが「千葉県」ですので、答えは、Aが「じゃがいも」・Bが「たまねぎ」・Cが「にんじん」となります。

また、早稲田佐賀の問題には、必ず**地元佐賀県または九州地方に関する問題も出題**されます。今回の場合では、たまねぎの生産順位に「佐賀県」が入っていますので、早稲田佐賀を志望されるのであれば、佐賀県や九州地方の対策はしっかりと行っておきましょう。

【対策】

早稲田佐賀の対策は、以下の2点を行うことです。

①各都道府県のシンボルとなるものを把握しておく。

↓例えば、各都道府県の木・花・鳥や史跡・名勝・天然記念物など。

②佐賀県や九州地方のことを把握しておく。

↓例えば、九州地方の国土・農業・水産業・工業など。

これらは、ほんの一例に過ぎませんが、特に①で挙げた対策は、今後の早稲田佐賀中学校入試で出題される場合があります。どの問題が出題されても良いようにしっかりと準備をしておきましょう。

また、ポイントで解説をした各都道府県情報から読み取れることを答えさせる問題が出題された場合ですが、**一覧としてまとめた表に共通する内容を見つけ出す**ことが必要です。

例えば、平成31（令和元）年度の入試問題では、こんな内容が出題されました。

問16　Aさんは表1（次ページ）を作成するにあたり、ある決まりに従って作成しました。表1に見られるきまりとして最も適当なものを、次のア～エの中から一つ選び、記号で答えよ。

ア　表の上から下に行くに従い、面積が小さくなっている。
イ　表の上から下に行くに従い、緯度が低くなっている。
ウ　表の上から下に行くに従い、県庁所在地名がしりとりでつながっている。
エ　表の上から下に行くに従い、漢字で書いた県名の総画数が多くなっている。

〈早稲田佐賀中学校・平成31（令和元）年度　改題〉

表1

県名	8地方区分	県に関係する情報
①岐阜県	中部	海に面していない県の中で2番目に面積が大きい
福岡県	②九州	③人口が九州地方で最も多い
石川県	中部	④雷の発生する日数が日本で最も多い
和歌山県	（　⑤　）	⑥かき・うめ・みかんの生産量が日本で最も多い
群馬県	関東	日本最大の山岳湿原である尾瀬は（　⑦　）条約に登録されている
⑧静岡県	中部	2017年の水揚げ高が日本で最も多い（　⑨　）港がある
鹿児島県	九州	日本で2番目に島が多く、県南には⑩種子島や屋久島がある
⑪愛媛県	⑫四国	工業生産額が四国地方で最も高い
⑬島根県	中国	2017年の人口が日本で（　⑭　）番目に少ない

この問題を見て、皆さんはどう思ったでしょうか。ちょっと難しくて時間が掛かりそうですよね。

まず、アから見てみましょう。表に書かれている面積を大きい順に並べると、**岐阜県・鹿児島県・静岡県・島根県・群馬県・愛媛県・福岡県・和歌山県・石川県**となりますので、アは不正解です。

次にイですが、緯度は、北海道から沖縄県に行くにつれて低くなっていきますので、愛媛県の緯度が、鹿児島県よりも低いということはあり得ません。よって、イも不正解となります。真っ先にこの選択肢は、外さなければなりません。

次にウですが、県庁所在地名が実際にしりとりでつながるのか試してみると、次のようになります。

岐阜（ぎふ）↓福岡（ふくおか）↓金沢（かなざわ）↓和歌山（わかやま）↓前橋（まえばし）↓静岡（しずおか）↓鹿児島（かごしま）↓松山（まつやま）↓松江（まつえ）

となりますので、正解はウとなります。

ちなみに、エも見てみましょう。漢字で書いた県名の総画数を多い順に並べると、**鹿児島県（37画）・和歌山県と愛媛県（34画）・群馬県（32画）・静岡県（31画）・福岡県（30画）・島根県（29画）・岐阜県（24画）・石川県（17画）**となりますので、エも不正解となります。

このような問題も出題されますので、必ず表に隠されている内容・共通する内容を見つけるクセを身につけておきましょう。

・慶應義塾普通部編

～なぜ、スーパーの入口に果物《くだもの》が置いてあるのか？～

【問題】

慶太君は家の手伝いでスーパーマーケットによく買い物に行きます。果物売り場に行くと、さまざまな種類の果物がたくさん並べられています。そこで日本で売られている果物について調べてみました。これについて、あとの問いに答えなさい。ここでいう果物は、多年生の樹木になるものです。

1．次のア～エは一般的なスーパーマーケットにおける果物の販売の仕方について説明したものです。最も内容の正しいものを選んで記号で答えなさい。

ア．会計をするレジの近くに配列されていることが多い。

イ．野菜と一緒に、入口に近い場所に配列されていることが多い。

ウ．野菜と同じように、ほぼ同じ種類の商品が一年中販売されている。

エ．売り場の中で、価格の安い商品から順番に並べられていることが多い。

2．次のア〜エの文で説明されている果物の名前を書きなさい。

ア．現在、日本で最も輸入量が多い果物で、19世紀末の戦争で日本の領土となった地域から運ばれ、広く食べられるようになったと言われている。一般に販売されている品種には種がない。

イ．現在、日本でよく食べられている果物の一つで、冷蔵技術の発達で今では一年中食べることができる。江戸時代末の開国以来、大きな実のなる欧米の品種が栽培されるようになった。

ウ．江戸時代には果物の消費量の半分以上を占めていたと言われ、日本の有名な昔話の中にも登場する。今でも日本各地で、農家の庭先に植えられているのを目にすることが多い。

エ．現在、日本では生産量は愛媛県が第1位、福岡県が第2位である。南半球のある国からの輸入量が多く、その量は日本の生産量のおよそ2倍となっている。

（中略）

5．果物はジュースとして消費されます。ジュースのパックを見ると、「濃縮還元《のうしゅくかんげん》」と書かれているものがあります。「濃縮還元」とは、加熱するなどして、しぼった果汁《じゅう》の水分を一旦《たん》減らし、その後、別の場所で再び水を加えてジュースにするというものです。なぜこのようなことをするのか、その理由を説明しなさい。

〈慶應義塾普通部・平成27年度　改題〉

【解答】

1．イ

2．ア・バナナ　イ・リンゴ（りんご）　ウ・カキ（かき）　エ・キウイフルーツ

5．（例）果汁の水分を減らすことで、輸送にかかる費用を少なくするため。

【ここがポイント！☞】

この問題では、スーパーマーケットで売られている果物を題材にしています。このように身近なものを題材にして出題する形式は、慶應義塾普通部のみならず慶應義塾中等部や慶應義塾湘南藤沢中等部でも出題されます。

中でも、慶應義塾普通部は、**身近で親しみやすい内容や見たこと・聞いたことある内容を題材にすること**が多いのが特徴です。また、**それらを記述させる問題も多くなっています。**

それを踏まえて、今回の問題を見てみましょう。まず、1ではスーパーマーケットにおける果物の販売の仕方を記号で答えさせる問題が出題されています。野菜や果物は季節を感じやすく、品ぞろえや鮮度を客に伝えやすいところから、スーパーマーケットでは入口に野菜や果物を配置することが多いのです。よって答えは、イとなります。また、野菜や果物は、色とりどりの野菜や果物を並べることで、店の雰囲気《ふんいき》を明るくする効果を期待したり、入口に特売品の野菜や果物を置くことで、他の売り場でも安い商品があるのではないかという消費者心理が生まれたりすることもあります。さらに、毎日の献立を考えるときに、特売品の野菜などがあれば、その野菜を使ったレシピがイメージしやすくなり、それに付随する食料を買おうとする行動を与えてくれることもあります。

次に、2の問題ではア〜エで説明されている果物を答えさせる問題が出題されています。アは、「日本で最も輸入量が多い果物」からバナナと予想することができます。イは、かなりの難問です。「日本でよく食べられている果物」「今では一年中食べることができる。」という言葉からミカンと答えることが多いと思いますが、ポイントは後半部分に書かれている「大きな実のなる欧米の品種」という言葉です。ミカンは欧米へと伝わった果物ですので、違います。そうなると、ミカンと同様に日本でよく食べられている果物は、リンゴとなりますので、イの答えはリンゴとなります。ウは、「日本の有名な昔話」「農家の庭先に植えられている」という言葉からカキと予想することができます。ちなみに、カキが出てくる日本の有名な昔話と言えば、『さるかに合戦』ですね。最後にエですが、この問題は基本的な問題です。「愛媛県が第1位・福岡県が第2位（統計資料は『日本国勢図会』２０２０／２０２１版によるものです。）」「南半球のある国からの輸入量が多く」という言葉からキウイフルーツと予想することができます。

最後に5の問題は、濃縮還元を行う理由を答えさせる記述問題です。そもそもジュースは、ほとんどが水分ですから、そのまま運ぶと容量が大きいため輸送に大きな費用がかかります。そこで、水分を減らし濃縮して出荷すると総容積が減り、輸送にかかる費用を大幅に下げることができます。特にファミリーレストランなどでは、濃縮果汁に水を加えてジュースにもどしてお客に提供していることが多くなっています。このようなことを限られた試験時間で答えを導き出すのは、日ごろからの訓練も必要です。また、時間の使い方も合否を分けるポイントになってきます。

【対策】

今回のような問題は、机上の勉強で身につくものではありません。また、塾のテキストにも載っていません。では、どうしたらいいのでしょうか。それは、ご家庭内で日本の風習や習慣をお子様に教えてあげることです。このようなアドバイスをすると、皆さんは「じゃあ、どんなことをさせたらいいの？」と聞かれることがあります。その時に私は、「**まずは、手始めにお手伝いか**

らさせてみましょう！」とアドバイスしています。そして一番効果的なお手伝いは……。

ずばり、スーパーマーケットなどに行って一緒にお買い物することです。一緒にお買い物をすることで、野菜や果物・肉・魚などの産地を知ることもできます。今回の問題で出題された「スーパーマーケットにおける果物の販売の仕方」を実際に知ることができます。このように実際に体験させることからわかることは、社会科のみならず理科でも出題されています。特に、慶應義塾普通部の理科でよく出題されていますので、対策が必要です。

また、野菜や果物・肉・魚などの生産順位は、地理の問題では定番ですので、その都度、**最新の順位を知る**必要があります。近年の入試問題では、輸入される果物の順位も出題されていますので、輸入先の順位も把握しておきましょう。

また、令和2年度入試では、コンビニエンスストアを題材とした問題が出題されました。では、実際に問題を見てみましょう。

【問題】

1970年代に誕生したコンビニエンスストアは、スーパーマーケットなどに比べて、狭い面積であるにもかかわらず、大きな売り上げを得るために、①さまざまな工夫をしています。店員が②客の性別や年齢などの情報を判断・推測し、その場でレジに入力することで、客が求めている商品を仕入れるようにしている店もあります。

近年、コンビニエンスストアでは、店内に□をするためのスペースを設けるところが増えてきたり、③深夜の売り上げが多いにもかかわらず24時間営業をしない店が出てきたりなど、いろいろな変化が起きています。

1．傍線部①の例として、正しいものを次のア～オから二つ選んで記号で答えなさい。

ア．客の目の高さにあわせて、よく売れている商品を配置する。

イ．落ち着いて商品を選ぶことができるように、特別な照明を使う。

ウ．売れている商品を入口の近くに集めて、店内が賑わっているように見せる。

エ．客が店内を1周するように、弁当・飲料・雑誌の置き場所を分ける。
オ．客の安心感を高めるために、見えるところにカメラを多く設置する。

2．最近コンビニエンスストアでは、傍線部②をレジで入力することが少なくなってきています。その理由として正しいものを、次のア～オから一つ選んで記号で答えなさい。
ア．これらの情報を集めることが、法律で制限されるようになったから。
イ．客の情報から売れやすい商品を推測することが困難になってきたから。
ウ．レジのカメラが自動的にこれらの情報を認識するようになってきたから。
エ．あらかじめ客の情報が入っているカードなどによる支払いが増えてきたから。
オ．外国人観光客が増え、1回限りの利用客が多くなったから。

3．□に当てはまることばとしてふさわしいものを次のア～カから二つ選んで記号で答えなさい。
ア．化粧　イ．飲食　ウ．音楽鑑賞　エ．喫煙　オ．スポーツ観戦　カ．充電

4．傍線部③はなぜか、簡単に書きなさい。

この問題も、先程のスーパーマーケットの問題と似ていますよね。問題を見ると、大人の皆さんなら実際に体験している・見ているので、答えられるかもしれません。ですが、子ども達からすると、そこまで意識してコンビニエンスストアで買い物をしていませんので、知らなければ答えることは難しいでしょう。

是非、この機会にお子様がコンビニエンスストアで何か商品を買いに行く際は、意識させてみては如何でしょうか。

ちなみに、解答は以下の通りです。

1．ア・エ　2．エ　3．イ・カ

4．(例) コンビニエンスストアで働く人たちへの労働時間の短縮を図るため。(または、深夜に働く人員が確保しにくいため。)

〈慶應義塾普通部・令和2年度　改題〉

●慶應義塾湘南藤沢中等部編
～京都駅から見て銀閣はどの方角にある？～

【問題】
慶一《けいいち》君と慶子《けいこ》さんは歴史と現在の人びとのくらしに注目して京都について調べました。二人の会話を読んで問いに答えなさい。

慶一：京都は都として計画的に作られた平安京をもとに市街地が大きくなってきたんだね。
慶子：京都の人びとは、京都盆地の自然のもとでくらしてきたんだね。
慶一：京都に行ったら、お寺をじっくり見たいな。東山文化にゆかりの深い慈照《じしょう》寺（銀閣）に行ってみたいな。
慶子：私は祇園《ぎおん》に行きたいな。京都の伝統的な町の風景を守るために電柱をなくして石畳《いしだたみ》の道路を整備したそうだよ。伝統工芸や祭りも、たくさんの人びとの努力で受け継がれてきたんだね。

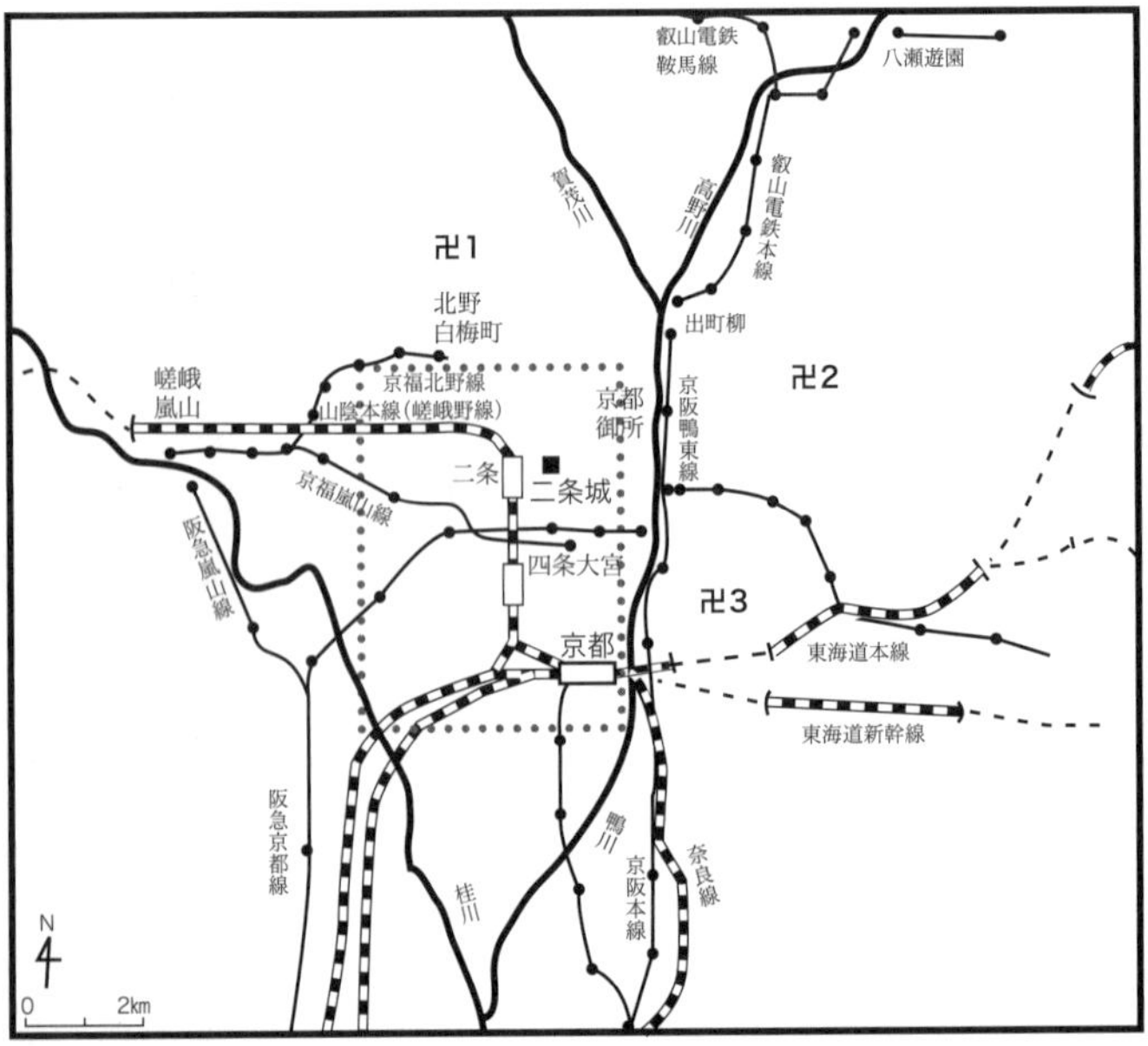

図1　（「京都地図絵巻」より作成）

問1　図1は京都の市街地の地図です。図1の点線で囲まれた部分は平安京のはん囲を示しています。平安京の中心を通る朱雀《すざく》大路は、3.5㎞ほどの距離がありました（『地図で訪ねる歴史の舞台　日本』より）。3.5㎞は1／50，000地形図上で何cmになるか答えなさい。

（中略）

問3　傍線の場所として、もっとも適するものを図1中の1～3から選び、番号で答えなさい。

〈慶應義塾湘南藤沢中等部・平成27年度　改題〉

【解答】

問１　７㎝　　問３　２

【ここがポイント！☜】

地形図の読み取り問題は、慶應義塾湘南藤沢中等部の頻出単元です。地形図の読み取りは、大手進学塾の場合ですと、小学４年生時に学習して、その後小学５・６年生で再度、時間を設けて学習することはありません。縮尺と等高線・地形図の読み取りが苦手なお子様は、早期に対策をしておきましょう。今回は、京都の市街地図を題材とした問題が出題されました。問１の問題は、基本的な縮尺計算ですので、確実に正解しなければなりません。しかし、問３の問題は難問です。まず、銀閣の場所がわからないと解けません。多くの塾では、銀閣の場所までを教えてくれませんので、多くの受験生が戸惑ったのではないでしょうか。銀閣は東山文化を代表する建物ですので、まず「東側」にあるというところに着目すると良いでしょう。そして、「東山」という点から、京都の市街地よりも離れた場所にあるというところに気が付けば、答えは2ということになります。

【対策】

慶應義塾湘南藤沢中等部の地理攻略のカギは、やはり**地形図の読み取り**です。過去10年以上見ていても、大半の年度で出題されています。しかも、大問の中心として出題されていますので、それなりの対策をしておく必要があります。

まずは、小学4年生時に学習した内容を復習しておきましょう（小学4年生以下の場合は、これから学習をするので、教わったら忘れないうちに復習をしましょう）。当たり前のことかもしれませんが、なぜ、このようなことを書いたのかというと、**大手の進学塾では、「地形図の読み取り」は小学4年生時に学習して、その後小学5・6年生で再度、時間を設けて学習することがないから**です。そのためにも、復習をすることが大切なのです。特に、慶應義塾湘南藤沢中等部は、縮尺計算以外にも、過去にはある地点間の水平距離から勾配《こうばい》を求めさせる問題などといった応用レベルの問題も出題されました。計算問題が苦手なお子様は、早期に対策をしましょう。

・慶應義塾中等部編
〜新幹線に乗るなら、窓側に座ること！〜

【問題】

東海道新幹線が渡る次の河川を**東から順**に並べかえなさい。

1　大井川　2　木曽川　3　天竜川　4　富士川

〈慶應義塾中等部・平成27年度　改題〉

【解答】

（東から順に）4・1・3・2

【ここがポイント！☞】

慶應義塾中等部・地理の攻略は、**いかに自分の頭の中で日本地図がイメージできるか**にかかっています。今回の問題を見てもわかる通り、問題文や設問に日本地図は一切ありません。しかも、地名や名勝を答えさせるのではなく、ある地域の河川を東から順に答えさせます。まず、大井川・

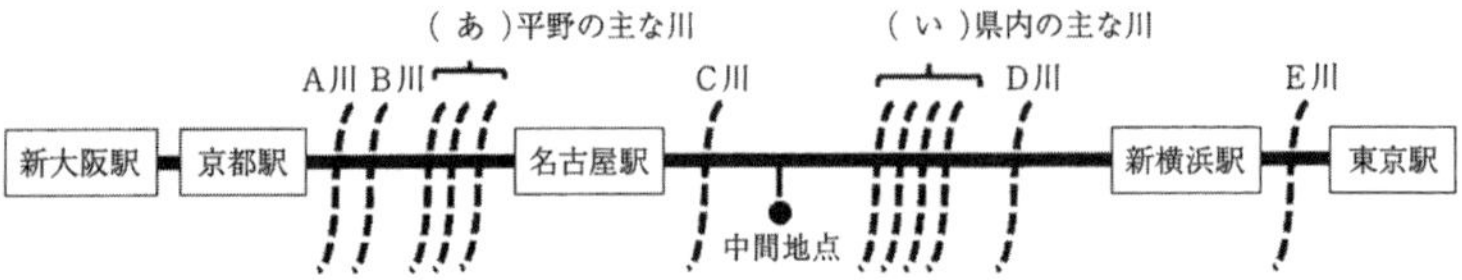

木曽川・天竜川。富士川がどの地域に流れているのかが分からなければ解けません。また、それが分かったうえで、東から順に並べ替えなければなりません。こういった問題は日本地図を見なければ解けない問題です。こういった問題は、この1問だけではありません。他の年度でも多く出題されています。これが、慶應義塾中等部・地理の特徴の一つであると言えるでしょう。

また、この年度では、類似の問題が慶應義塾普通部でも出題されました。では、どんな問題であったか実際の問題を見てみましょう。

2．上の地図を見て（い）の県の名前を漢字で書きなさい。また、この県内の4本の川を上り列車が渡る順番として正しいものを、次のア～エから一つ選んで記号で答えなさい。

ア．大井川→天竜川→安倍川→富士川
イ．天竜川→富士川→安倍川→大井川
ウ．天竜川→大井川→安倍川→富士川
エ．安倍川→天竜川→富士川→大井川

〈慶應義塾普通部・平成27年度　改題〉

この問題を見て、皆さんはどう思ったでしょうか。実際にこの2問を比べてみると非常に似ていますよね。慶應義塾普通部でも、近年の地理の問題は、慶應義塾中等部の地理特有の「自分の頭の中で日本地図がイメージ出来るか」を確認する問題が出題されてきていますので、慶應義塾普通部の地理の問題も対策をしておくと、より効果的です。

【対策】

慶應義塾中等部の地理は、前述の通り問題文や設問に日本地図をあまり載せないで出題する場合が多いです。そういった問題を対策するにはやはり、**日本地図を活用する**ことです。日本地図には山地・平野・河川などたくさんの情報が詰まっています。また、新幹線の名称と駅名も載っていますので、慶應でよく出題される新幹線に関する問題の対策にもなります。慶應義塾中等部を第一志望校にするのなら、早期に対策することをお勧めします。

ちなみに、先程の慶應義塾普通部の問題の答えは、「静岡県・ウ」となります。ポイントは、「上り列車」の渡る順番です。東海道新幹線の上り列車は、東京方面へ向かうので西から東へ移動することになります。よって、渡る順番は「天竜川↓大井川↓安倍川↓富士川」となります。

また、今回のような問題を対策する上で最も効果的なのは、やはり**旅行に出かける**のが一番でしょう。特にゴールデンウイーク・お盆休み・年末年始などの大型連休が日本にはあるわけですから、こういった時期に日本の風景や歴史的建造物などを自分の目で見て触って欲しいのです。自分の目で見たものや手に触れたものは、頭の中に映像として記憶されますし、勉強のリフレッシュにもなります。また、お子様がわからないものなどがあったら、皆さんが教えてあげて欲しいのです。近年の慶應附属校の面接では、親子の接し方等を聞いてくることが多くなってきています。

是非、机上の勉強だけをさせずに、息抜きの一環として旅行などに出かけましょう。

第2章

早稲田・慶應の歴史

・早稲田中学校編

～えっ、コシャマインってだれ？　承平天慶《じょうへいてんぎょう》の乱《らん》ってなに？～

【問題】

日本の歴史上の戦いや政変に関する年表を見て、各問に答えなさい。

3世紀ごろ　〔**あ**〕

527　①筑紫国造《くにのみやつこ》磐井《いわい》の乱

645　〔**い**〕

663　〔**う**〕

672　〔**え**〕

935～941　②承平《じょうへい》・天慶《てんぎょう》の乱

（中略）

1457　アイヌの大首長〔**か**〕が、和人の進出に対して戦って敗れた。

1467～1477　④応仁の乱

1488　加賀の〔き〕の信徒が、守護を破り、以後100年間にわたって自治を治めた。

（中略）

問2　傍線部①について次の問に答えなさい。

（1）この反乱を伝えている『日本書紀』編纂《へんさん》の中心となった人物を1人選び、記号で答えなさい。

ア　太安万侶《おおのやすまろ》　イ　大伴家持《おおとものやかもち》　ウ　舎人親王　エ　柿本人麻呂《かきのもとのひとまろ》

問3　傍線部②について述べた次の文のうち、正しいものを1つ選び、記号で答えなさい。

ア　平将門は、一族と争いを繰り返すうち、陸奥の国府である多賀城を攻《せ》め落とした。

イ　平将門は、常陸などの国府を攻め落とすと、新皇と自称した。

ウ　藤原純友は、海賊《かいぞく》を率いて四国全土を支配したが、大宰府の軍によって退けられた。

エ　藤原純友は、清原氏に協力した源義家によって滅ぼされた。

（中略）

問6　空欄〔か〕に入る人物名を答えなさい。

〈早稲田中学校・平成30年度　改題〉

【解答】

問2（1）ウ　問3　イ　問6　コシャマイン

【ここがポイント！☞】

この問題を見て皆さんはどう感じましたか。小学生が教わる内容なのかと思いませんでしたか。実際、「筑紫国造磐井の乱」「承平・天慶の乱」「コシャマイン」は**中学・高校の日本史で習う内容**です。しかし、設問の内容を見てもらうとわかりますが、基本から標準レベルの問題ですので、決して解けないということはありません(ただ、「コシャマイン」を答えさせる問題は例外ですが)。

では、設問ごとに内容を見ていきましょう。まず問2（1）の問題は、『日本書紀』を編纂した人物を答えさせる問題ですが、この問題は教科書に必ず書かれている内容ですので、正解しておかなければなりません。ちなみに、太安万侶は『古事記』を編纂した人物で、大伴家持と柿本人麻呂は、『万葉集』の代表歌人です。

次に、問3の問題ですが、ここでのポイントは、選択肢に「平将門」と「藤原純友」について説明しているので、「承平・天慶の乱」は「平将門の乱・藤原純友の乱」であるということがわかります。そこまでわかれば、この問題も解ける内容です。

最後に、問6の問題ですが、これはかなりの難問です。この問題を答えられた受験生は、おそらく少なかったと思います。大半の受験生は、「アイヌ」＝「シャクシャイン」と答えたことでしょう。前述の通り、「コシャマイン」は高校の日本史で学習する内容ですので、この1問に固執する必要はありません。わからなければ、他の問題に移り自分が解ける問題から手を付ける方が良いでしょう。試験時間は30分と短いのですから、時間配分も考えておかなければなりません。

【対策】

ポイントでも解説しましたが、早稲田中学校の歴史は少し難問も出題されます。そういった場合に意識しておかなければならないのが、**時間配分**です。私は、生徒たちに「**1分考えても答えが出せないのであれば、次の問題に移りなさい**。」と指示しています。どの中学校でも社会の試験時間はだいたい30分前後で、問題数も多いわけですから、1問にかける時間は限られます。その中で、1分以上も1問にかけるのは時間のムダです。それならば、他の問題で自分が必ず解ける問題・正答率の高い問題を確実に正解する方が大事です。これは、日々の勉強や塾での確認テスト・外部模試でも同じことが言えます。普段の学習から時間を意識した勉強を習慣化しましょう。

また、問3のような問題が出題された場合は、**設問に線や印をつける**ようにしましょう。例えば、次のような方法で行うと良いでしょう。

ア　平将門は、一族と争いを繰り返すうち、×陸奥の国府である多賀城を攻《せ》め落とした。
イ　平将門は、○常陸などの国府を攻め落とすと、○新皇と自称した。
ウ　藤原純友は、海賊《かいぞく》を率いて×四国全土を支配したが、大宰府の軍によって退けられた。
エ　藤原純友は、清原氏に協力した×源義家によって滅ぼされた。

このような方法で行えば、見直しをするときのケアレスミスが防げます。また、解き直しをするときでも自分の答えが合っていたかどうかのチェックがし易くなります。社会は、国語と違って、問題文や設問に線や印をつける生徒がほとんどいないのが現状です。それは、国語のように長文でもないし、答えも比較的見つけやすい・一問一答形式が多いため、線や印をつけなくても大丈夫と思っているからです。しかし、生徒の結果を見てみると、ケアレスミスによる失点が後を絶ちません。線や印を付ければケアレスミスは減り、点数はもっと上がるというわけです。是非、今日からでも線や印を付ける習慣を身につけましょう。

・早稲田実業学校中等部編
～千円札の裏面はなに？～

【問題】

次の文章を読んで、以下の問いに答えなさい。

（中略）

明治時代に入ると、政府は全国統一基準の貨幣を作りました。これにより、貨幣の金額の単位も円・銭・厘《りん》に統一されました。また、硬貨だけでなく紙幣も発行されました。最初の紙幣は外国に注文して発行していましたが、１８７７年には国内で製造・印刷した紙幣が作られました。１８８１年には神功《じんぐう》皇后の肖像《しょうぞう》を採り入れた紙幣が作られ、その後も人物の肖像が使われるようになりました。アジア太平洋戦争後に発行された紙幣の肖像で、高額の紙幣に最も多く登場したのは聖徳太子（厩戸王《うまやどおう》）でした。聖徳太子は百円・千円・五千円・一万円札の肖像として採用されました。１９８４年には紙幣は３種類となり、同時に全種類が作り替えられました。それとともに紙幣の肖像にも大きな変化がありました。それまで政治に関わった人物が選ばれていましたが、その時から文化人に変わったのです。千円札は[7]夏目漱石、五千円札は[8]新渡戸稲造、一万円札は福沢諭吉になりました。２０００年には初の[9]二千円札も登場しました。２００４年には新しい偽造防止の技術が用いられた紙幣が登場しました。肖像も千円札は[10]野口英世となり、[11]五千円札は明治期の女性作家に変わりました。

お金は太古の昔から使われてきましたが、技術の進歩とともに偽造を防ぐ高度な技術が用いられてきたのです。

問7　傍線部7と同時期に活躍し、軍医でもあった作家の作品を次のア〜オの中から1つ選び、記号で答えなさい。

ア．舞姫　　イ．羅生門　　ウ．走れメロス　　エ．風立ちぬ　　オ．雪国

問8　傍線部8は、第一次世界大戦後に設立された国際機関の事務局次長になっています。この国際機関の本部はどこに置かれましたか。その都市名を答えなさい。

問9　傍線部9には守礼門《しゅれいもん》が描かれています。この門は沖縄県にある城の門ですが、城の名称を答えなさい。

問10　傍線部10はある病気の研究中、自身もその病気にかかって亡くなりました。その病気を次のア〜オの中から1つ選び、記号で答えなさい。

ア．破傷風《はしょうふう》　イ．赤痢《せきり》　ウ．コレラ　エ．梅毒《ばいどく》　オ．黄熱病《おうねつびょう》

問11　傍線部11は誰か答えなさい。

〈早稲田実業学校中等部・平成26年度　改題〉

【解答】

問7　ア　　問8　ジュネーブ　　問9　首里（城）

問10　オ　　問11　樋口一葉

【ここがポイント！☜】

近年の歴史は、日本の紙幣を題材にした出題をする中学校が増えてきています。早稲田実業学校中等部もその一つです（ちなみに、慶應義塾中等部でも出題されたことがあります）。しかも、この問題が初めての出題ではないのです。実は、現在の紙幣が発行された翌年（平成17年度入試）でも似たような問題が出題されました。では、どんな問題であったかを見てみましょう。

【問題】

昨年の11月1日に新しいお札（紙幣）が発行されましたが、もうみなさんはその新札を目にしたでしょうか。もしかしたら、お年玉でもらった人も多いかもしれませんね。

今回の新札の図柄は、千円札が［A］から［B］に、五千円札が［C］から［D］に代わりました。一万円札は［E］のままですが、他のお札と同様にいろいろな部分に工夫がされているそうです。また、新札発行には、景気をよくしようとするねらいもあるようですが、はたして結果はどうなることでしょうか。

（中略）

問1　［B］・［E］にあてはまる人物の姓名を漢字で書きなさい。

問2　［A］と［D］の人物に共通することがらは何ですか。簡単に説明しなさい。

問3　［C］の人物について説明した次の文の中から正しいものを1つ選び、記号で答えなさい。

ア．日本人で初めてオリンピックで金メダルを受賞した。

イ．江戸時代に結ばれた不平等条約の改正に貢献《こうけん》した。

ウ．第二次世界大戦中、ユダヤ人のためのビザを大量に発給した。

エ．大正時代末期に国際連盟の事務次長を務めた。

オ．軍縮に貢献し、ノーベル平和賞を受賞した。

〈早稲田実業学校中等部・平成17年度　改題〉

どうでしたか。今回の問題と似ていますよね。このように身近なモノを題材とした問題は、早慶では定番の問題ですので、対策をしておく必要があります。ちなみにこの問題の答えは、問1のBは「野口英世」で、Eは「福沢諭吉」となります。また、問2は「明治時代に活躍した作家」で、問3は「エ」となります。

【対策】

日本の紙幣を題材とした問題は、歴史人物が多く描かれていますので、歴史の問題として扱いやすいのが特徴です。特に、早稲田実業学校中等部の場合は、今回の問題のように歴代の紙幣で使われた歴史人物の名前を答えさせる問題が出題されていますので、その点も踏まえて学習しておく必要があります。

また、２０１９年の4月9日に日本政府が２０２４年度から使用される千円札・五千円札・一万円札の新たなデザインを発表しました。今までの早慶中学入試問題を見ていると、新紙幣が発表あるいは発行された場合、その年度の入試問題では必ず出題されていましたので、しっかりと対策をしておかなければなりません。まずは、現在使用されている紙幣のデザインを把握し、その後で新紙幣のデザインを把握する。そして最後に歴代の紙幣の歴史人物を把握するようにしましょう。例えば、次のような方法で覚えると効果的です。

【現行紙幣】

	表面	裏面
千円札	野口英世	富士山・桜
二千円札	首里城守礼門	紫式部・光源氏・冷泉院《れいぜいいん》
五千円札	樋口一葉	燕子花《かきつばた》図（尾形光琳《おがたこうりん》筆）
一万円札	福沢諭吉	平等院鳳凰《ほうおう》堂の鳳凰像

【新紙幣】

	表面	裏面
千円札	北里柴三郎	富嶽《ふがく》三十六景・神奈川沖浪裏《かながわおきなみうら》（葛飾北斎《かつしかほくさい》筆）
五千円札	津田梅子	藤《ふじ》
一万円札	渋沢栄一	東京駅（丸の内駅舎）

【歴代の紙幣】

	人物名
日本銀行券（戦前）	菅原道真・和気清麻呂《わけのきよまろ》・武内宿禰《たけのうちのすくね》・中臣（藤原）鎌足・聖徳太子・日本武尊《やまとたけるのみこと》
日本銀行券（戦後）	二宮尊徳・岩倉具視《いわくらともみ》・高橋是清《これきよ》・板垣退助・聖徳太子・伊藤博文・福沢諭吉・新渡戸稲造《にとべいなぞう》・夏目漱石・樋口一葉・野口英世
政府紙幣	神功皇后《じんぐうこうごう》・板垣退助

紙幣の表面は、よく見ることがあると思いますが、裏面までを見ている方は少ないのではないでしょうか。ちなみに、慶應義塾中等部では、現行紙幣の表面と裏面を答えさせる問題が出題されました。やはり、創設者の福沢諭吉に関係しているからではないでしょうか。

また、日本には紙幣だけではなく、硬貨《こうか》もあります。この際ですから一緒に覚えましょう。

【硬貨】

	表面	裏面
一円硬貨	若木《わかぎ》	数字の「1」
五円硬貨	稲穂《いなほ》・歯車・水	双葉《ふたば》
十円硬貨	平等院鳳凰堂・唐草《からくさ》	常盤木《ときわぎ》・数字の「10」
五十円硬貨	菊	数字の「50」
百円硬貨	桜	数字の「100」
五百円硬貨	桐《きり》	竹・橘《たちばな》・数字の「500」

・早稲田大学高等学院中学部編
～聖地巡礼《せいちじゅんれい》を宗教以外で行う理由ってなに？～

【問題】

次の文章を読んで、あとの問に答えなさい。

（中略）

聖地への巡礼は、世界的にもみられる現象です。イェルサレムは、（**あ**）教、⑥キリスト教、イスラム教という3つの宗教の聖地とされており、毎年巡礼者が絶えません。また、イスラム教徒は1日5度、（**い**）への礼拝を行うべきものとされています。

また近年、スペイン北西部の聖地サンティアゴ・デ・コンポステーラまでの数百キロの巡礼路を歩く人々が増えています。この巡礼は、11世紀以降に盛んになり、最盛期には年間50万人もの巡礼者があったようですが、15世紀以降はヨーロッパの混乱などのために衰退してほとんど巡礼者が集まらなくなりました。１９８６年の巡礼者は２５００人にも満たなかったようですが、１９９０年代半ば以降、小説や映画などの影響で爆発的に増加し、現在は毎年20万人以上の人々が巡礼に訪れています。

サンティアゴ・デ・コンポステーラへの巡礼を描いた作品の一つとして、映画「サン・ジャックへの道」があります。この作品は、亡くなった母親が遺産相続の条件として、兄弟三人でサンティアゴ巡礼をすることを遺言として残したため、仕事しか興味のない会社経営者（兄）、宗教を信じない国語の教師（妹）、アルコール中毒の失業者（弟）の三人が仕方なく一緒に巡礼の旅に出ることから始まり、途中で出逢う巡礼者たちの姿を描いています。

このように、⑦巡礼は世界各地で広く行われており、その目的は純粋に宗教的なものをこえて、様々であるといえるでしょう。

問6　空欄（あ）にあてはまる語を答えなさい。

問7　傍線部⑥に関連して、日本にキリスト教を初めて伝えたイエズス会の宣教師の名前を答えなさい。

問8　空欄（い）にあてはまる地名を答えなさい。

問9　傍線部⑦のように、宗教的な目的以外で巡礼に出る人も多く存在する。本文を参考にしつつ、人々を巡礼へとかきたてる信仰心以外の目的を指摘し、さらに、その目的にどのような社会的背景があるかを考えて論じなさい。

〈早稲田大学高等学院中学部・平成29年度　改題〉

【解答】

問6　ユダヤ　　問7　（フランシスコ＝）ザビエル　　問8　メッカ（カーバ神殿）

問9　（例）巡礼に向かう人の中には、観光をかねて出かける人や、好奇心から出かける人もいると考えられる。こうしたことができるのは、政治や社会が安定し、人々の生活が豊かになり、旅行に出かけるだけの余裕が生まれたためと考えられる。

【ここがポイント！☜】

第1章でも説明しましたが、早稲田大学高等学院中学部は、**記述問題の出題が、他の早稲田系属・附属校の中でも多い**ということがいえます。年度によっては、各大問に1題ずつ記述問題が出題されています。今回の問題では、宗教的な目的以外で巡礼をする理由を問う記述です。また、この問題では、記述をするうえで必要な条件がついています。それは、「**本文を参考にすること**」と「**信仰心以外の目的を指摘し、さらにその目的にどのような社会的背景があるかを説明すること**」です。これは、多くの受験生が時間を費やしたのではないでしょうか。そして、この問題の正否が、「合格の決め手」となった問題といえるでしょう。今回の問題は、「**本文を参考にしつつ、**

人々を巡礼へとかきたてる信仰心以外の目的を指摘し、さらに、その目的にどのような社会的背景があるかを考えて論じなさい。」と書かれていますので、**これも本文に線や印をつけなければいけません。**そうしなければ、正解することができませんし、部分点すらもらうこともできないからです。これは、国語の記述にも通用することですので、普段の学習から意識して取り組むようにしましょう。また、今回の問題の解答例を見てもわかるように、巡礼以外でその土地に行くといえば、何でしょうか。皆さんならわかりますよね。そうです。「観光」ですね。本文中にも書かれていましたが、キリスト教・イスラム教は、仏教と併せて世界三大宗教に数えられています。これらの寺院や教会の多くは、世界遺産に登録されていますので、旅行でその土地を訪れるという解答が思いつくでしょう。

【対策】

このような問題を解くために、普段の学習・生活から意識して行うべきことが3つあります。今から挙げる3つは直ぐにでも実践してください。

①ニュースや新聞を見て、自分が思ったこと・感じたことを相手に伝える。

↓例えば、朝食・夕食時にお父さん・お母さんに対して自分の意見を述べる。

②今、世の中はどのようになっているかを常に意識する。
↓例えば、ニュースや新聞を見る時間を作る。これは、時事問題の対策にもなる。
③日頃から、関心や興味を持つ。
↓例えば、その日に自分が関心・興味を持ったことをノートにまとめる。

これらは、一回で身につくものではありません。中には、毎日行う時間を作るのも難しいでしょう。目安としては、**①と③は一週間に一回**で十分だと思います。しかし、**②に関しては毎日**作って欲しいのです。できれば、朝食・夕食時にテレビをつけてもらうだけでも構いません。映像として流れた情報は、頭の中にインプットされ、それが入試問題等で出題されたときに「あっ、あのときにテレビで見た内容だ！」と思い出しやすいのです。「受験勉強にテレビなんて良いの？」と思われがちですが、テレビは語彙や言葉を覚えること・情景や場面をつかむうえで非常に効果的なのです。是非、時間を作っていただけると幸いです。また、③を書くうえでの目安は１００字程度で良いでしょう。これは、早稲田大学高等学院中学部に限っての話ではありません。その他の早慶附属中学校にも言えることですので、今日からでも実践しましょう。

・早稲田佐賀中学校編
～国民栄誉賞受賞者に女性が何人いるか知ってる？～

【問題】

日本の歴史を見てみると、各時代に女性の活躍が目立つ。各時代を代表する女性や、名もなき女性たちの活躍や様子について文章を読み、あとの各問に答えよ。

太平洋戦争で末期の⑯沖縄戦では、従軍看護婦として女子学生たちが動員された。彼女たちは負傷兵の手当てにあたったが、多くの女子学生が犠牲となり、慰霊碑が建てられている。

戦後、復興を遂げていく中で、女性たちの活躍が人々の心に希望を与えていった。国民栄誉賞が社会に明るい希望を与えた者をたたえるために創設され、現在までに個人では6人の女性が受賞している。中でも、（　⑰　）は4コマ漫画「サザエさん」を描いたことで知られ、「サザエさん」は現在でも多くの人々に親しまれている。

問16　傍線部⑯について、沖縄の女子学生たちで編成された部隊の1つで、沖縄師範学校女子部と沖縄県立第一高等女学校の生徒で編成された部隊を何というか。ひらがな四字で答えよ。
問17　（　⑰　）に入る人名として正しいものを、次のア〜エの中から一つ選び、記号で答えよ。
ア　森光子　　イ　美空ひばり　　ウ　長谷川町子　　エ　高橋尚子

〈早稲田佐賀中学校・平成28年度　改題〉

【解答】

問16　ひめゆり　　問17　ウ

【ここがポイント！☞】

今回の問題は、国民栄誉賞を受賞した女性の名前を答えさせる問題が出題されました。近年では、毎年のように国民栄誉賞を受賞される方がいます。早稲田佐賀中学校のみならず、他の早慶附属中学校で出題されることが予想されます。ここでは、「サザエさん」の作者を選べば良いので、答えやすかったのではないでしょうか。しかし、これが「美空《みそら》ひばりさん」や「森光子さん」を答えさせる問題が出題されたのならば、答えを知らない受験生はきっと多いことでしょう。そうならないためにも、国民栄誉賞受賞者は知っておく必要があるといえます。

ちなみに、問題文でも書かれていた通り、２０２０年現在で国民栄誉賞を個人で受賞した女性は、６人です。では、どんな方々が受賞されたのか見てみましょう。

【国民栄誉賞受賞者（女性のみ）】

	受賞日	職業	受賞理由
美空《みそら》ひばり	平成元年7月6日	歌手	真摯《しんし》な精進《しょうじん》と歌謡《かよう》曲を通じて国民に夢と希望を与えた。
長谷川町子《はせがわまちこ》	平成4年7月28日	漫画家（「サザエさん」の作者）	家庭漫画を通じて戦後の我が国社会に潤《うるお》いと安らぎを与えた。
高橋尚子《たかはしなおこ》	平成12年10月30日	元女子マラソン選手	２０００年シドニーオリンピック女子マラソンで優勝。陸上競技で日本女子選手初の金メダルを獲得し、国民に深い感動と勇気を与えた。
森光子《もりみつこ》	平成21年7月1日	女優	舞台「放浪記《ほうろうき》」において２０００回を超える主演を務めるなど永年にわたり多彩な活躍をし、国民に夢と希望と潤いを与えた。

吉田《よしだ》沙保里《さおり》	平成24年11月7日	元女子レスリング選手	世界選手権大会・オリンピック競技大会を通じて世界大会13連覇というレスリング競技史上前人未到の偉業《いぎょう》を成し遂《と》げ、多くの国民に深い感動と社会に明るい希望・勇気を与えた。
伊調《いちょう》馨《かおり》	平成28年10月20日	女子レスリング選手	オリンピック競技大会史上初めて女子個人種目4連覇という世界的偉業を成し遂げ、多くの国民に深い感動と勇気・社会に明るい希望を与えた。

どの方も輝かしい功績ばかりですよね。ここでは、女性の方のみをまとめましたが、この他に男性20人と1団体が受賞されていますので、これを機会に調べてみてはいかがでしょうか。

【対策】

国民栄誉賞の対策については前述の通りです。ここでは、国民栄誉賞と同様に、ノーベル賞について説明したいと思います。実は、国民栄誉賞以上に出題されるのが、ノーベル賞です。ノーベル賞は、その年度の時事問題として出題されますし、理科の問題としても出題されます（ノーベル物理学賞、ノーベル化学賞、ノーベル生理学・医学賞に受賞された方の研究結果に関する問題です）。

2020年現在、ノーベル賞を受賞した日本人は28人います。さらに、受賞した方々の内訳をみると、次のようになります。

【ノーベル賞受賞者】

受賞名	受賞者数	受賞者名
ノーベル物理学賞	11人	湯川秀樹《ゆかわひでき》・朝永振一郎《ともながしんいちろう》・江崎玲於奈《えさきれおな》・小柴昌俊《こしばまさとし》・小林誠《こばやしまこと》・益川敏英《ますかわとしひで》・※南部陽一郎《なんぶよういちろう》・赤崎　勇《あかさきいさむ》・天野浩《あまのひろし》・※中村修二《なかむらしゅうじ》・梶田隆章《かじたたかあき》
ノーベル化学賞	8人	福井謙一《ふくいけんいち》・白川英樹《しらかわひでき》・野依良治《のよりりょうじ》・田中耕一《たなかこういち》・下村脩《しもむらおさむ》・根岸英一《ねぎしえいいち》・鈴木　章《すずきあきら》・吉野　彰《よしのあきら》

ノーベル生理学・医学賞	5人	利根川《とねがわ》進《すすむ》・山中《やまなか》伸弥《しんや》・大村《おおむら》智《さとし》・大隅《おおすみ》良典《よしのり》・本庶《ほんじょ》佑《たすく》
ノーベル文学賞	3人	川端《かわばた》康成《やすなり》・大江《おおえ》健三郎《けんざぶろう》・※カズオ・イシグロ
ノーベル平和賞	1人	佐藤《さとう》栄作《えいさく》

※は、日本国籍ではない方々を表します。

受賞した方々の内訳を見てみますと、ノーベル物理学賞が一番多く、次にノーベル化学賞、ノーベル生理学・医学賞となっています。これらを見てもわかると思いますが、理科系の受賞者が多いですよね。そういった点からも理科の入試問題でも出題されるのです。

2019年度は10月9日にリチウムイオン電池を開発した吉野彰氏がノーベル化学賞を受賞しました。受賞名と受賞者の名前、受賞内容はセットで覚えておきましょう。

・慶應義塾普通部編
〜中国の干支《えと》をすべて答えられる？〜

【問題】

次の文を読んで、あとの問いに答えなさい。（　　）の中の記号が同じものには、同じことばが入ります。

日本の歴史をたどると、人々はさまざまな動物との関《かか》わりの中で暮らしてきたことがわかります。

まず動物は人びとの命をつなぐ食材です。ただし日本人が食べる動物には時代によって変化があります。

例えば、文明開化のころには（**あ**）の肉を煮《に》て食べることが流行しましたが、それまでは**A**の考え方の影響もあって一般《ぱん》的ではありませんでした。また、鹿児島、宮崎など全国で飼われている（**い**）は（**う**）を家畜《ちく》化したものですが、やはり江戸時代までは一般的な動物ではありませんでした。十二支の動物には中国では（**い**）が入っていますが、日本では（**う**）になっているのはそのためかもしれません。

（中略）

第二次世界大戦後にインドから象が、また1972年には中国からパンダが贈《おく》られたように動物には **E** をすすめるために活用されることもあります。

1.（**い**）・（**う**）に当てはまる動物は何か、それぞれひらがなで書きなさい。

2.（**あ**）は貴族の乗り物を引く動物としても知られています。この乗り物を何というか漢字で書きなさい。

（中略）

7. **E** に当てはまることばを5字以上10字以内で答えなさい。

〈慶應義塾普通部・平成30年度　改題〉

【解答】

1. い・ぶた　う・いのしし

2. 牛車《ぎっしゃ》

7. (例) 国どうしの友好関係

【ここがポイント！☞】

この問題は、動物との関わりの歴史を題材にした問題が出題されました。皆さんが知っている歴史の問題といえば、ある時代からある時代までのテーマ史（例えば、戦乱・戦争史や文化史、人物史など）をイメージすると思います。しかし、慶應義塾普通部の歴史は、地理と同様に**身近なものを題材にした問題**を多く出題しています。そうなると、専門の対策をしていく必要があります。今回の問題は、「動物」を題材にしていますので、比較的解きやすかったのではないかと思います。設問の中には、「**中国の十二支に当てはまる動物**」を聞いていますが、本文の前に書かれている「鹿児島、宮崎など全国で飼われている」や「家畜化」された動物というキーワードを読み取れば、(い) は「ぶた」という答えになります。そして、(う) は「日本の十二支」で亘《か》つ「ぶた」に近い動物をイメージすれば、答えは「いのしし」となります。このよう**に本文や設問の前後に書かれているキーワードを読み落とさないこと**が慶應義塾普通部の歴史には必要なのです。

ちなみに、日本の十二支は、**子**《ね》（**鼠**《ねずみ》）・**丑**《うし》（**牛**）・**寅**《とら》（**虎**）・**卯**《う》（**兎**《うさぎ》）・**辰**《たつ》（**龍**《りゅう》）・**巳**《み》（**蛇**《へび》）・**午**《うま》（**馬**）・**未**《ひつじ》（**羊**）・**申**《さる》（**猿**）・**酉**《とり》（**鶏**《にわとり》）・**戌**《いぬ》（**犬**）・**亥**《い》（**猪**《いのしし》）です。これは、皆さんも知っていますよね。では、中国の十二支はどうでしょうか。中国では、**老鼠**《ねずみ》**・牛**《うし》**・老虎**《とら》**・兎子**《うさぎ》**・龙**《たつ》**・蛇**《へび》**・马**《うま》**・绵羊**《ひつじ》**・猴子**《さる》**・鸡**《とり》**・狗**《いぬ》**・猪**《ぶた》となります。皆さん、気づきましたよね。そうです。最後の「猪」が「豚《ぶた》」なのです。意外ですよね。

では、なぜ日本では「ぶた」が「いのしし」になったのでしょうか。そもそも、「ぶた」は「いのしし」を家畜化したもので、日本ではその習慣がなかったのです。弥生時代になって、北九州を中心に「ぶた」を飼っていましたがすぐに廃《すた》れました。なぜなら、森林が豊かな日本では野生の「いのしし」がふんだんに獲《と》れたからなのです。やがて仏教が伝来し、肉食は嫌《きら》われ「ぶた」は日本から消えました。そこへ中国から干支が伝わり「ぶた」は「いのしし」になったのです（磯田道史《いそだみちふみ》著『江戸の備忘録《びぼうろく》』〈文春文庫〉の「日本人と動物」より引用）。この理由を知ったとき、私は「なるほど！」と納得しました。

このように、慶應義塾普通部の歴史は、**大人でも「なるほど！」と思わせる問題**も数多く出題されています。是非、お子様と一緒にクイズ感覚で過去問を解いてみるのも良いでしょう。

【対策】

前述の通り、慶應義塾普通部の歴史を攻略するためには、**本文や設問の前後に書かれているキーワードを読み落とさないこと**です。そのことが顕著《けんちょ》に表れているのが、前述で解説をした問1とこれから説明をする問7です。問7は、□に当てはまる言葉を5字以上10字以内で答えさせる問題です。この問題のポイントは、インド象とパンダといった動物が政治とどのように結び付けられているかを考えなければなりません。

では、この問題をどのように解くか説明します。そもそもインド象とパンダは、その国にとってどのような存在なのでしょうか。どちらもその国を象徴《しょうちょう》する動物、または神聖とされている動物であると言えます。そのような存在である動物をわざわざ遠い日本にまで贈《おく》るのは何のためでしょうか。そうです。**国どうしの友好関係を築くため、またそれを示すために活用されたもの**だということです。これは、本文中の「第二次世界大戦後に」というキーワードで答えを見つけ出すことができます。そして、見つけ出したキーワードから次の2点の答えを導き出すのです。

・第二次世界大戦後の日本はどうなったのか？
・その結果、日本は諸外国（戦勝国）とどのような関係を築くようになったのか？

戦後の日本は、諸外国と講和《こうわ》条約を結んでいくわけです。これらの理由と答えは、どの塾でも必ず教わる内容です。その中から、「国交」や「友好」というキーワードを使って、記述をすれば良いのです。

ここで説明した解法は、直ぐにマスターする生徒もいれば、何度も訓練してやっと自分のものになる生徒もいます。自分が後者でマスターするのに時間がかかるタイプであるのなら、直ぐにでも実践していきましょう。

また、この解法はあくまでも一例ですので、自分に合った解法を見つけ出せたのなら、その解法で行うのが効果的です。

・慶應義塾中等部編

~東海道・中山道・甲州街道は、今の国道〇〇号線?~

【問題】

次の文章を読んで、各問に答えなさい。

日本列島のほぼ中央に位置する関東地方は、江戸時代以降、政治・経済・文化の面でも日本の中心としての役割を果たしてきました。そのことは、イ江戸時代の五街道が今日の道路交通網《もう》のもとになっていることからもうかがい知ることができます。

(中略)

問2　傍線部イについて、江戸時代の街道、関所があった場所および現在の国道の組み合わせを北から順に並べなさい。

1　中山道―碓氷峠―国道17・18・19号線
2　東海道―箱根峠―国道1号線

3　甲州街道―小仏峠―国道20号線

問3　傍線部イについて、街道と宿場の組み合わせで正しいものを選びなさい。

1　東海道―千住宿　　2　甲州街道―品川宿

3　奥州街道―内藤新宿　　4　中山道―板橋宿

〈慶應義塾中等部・平成22年度　改題〉

【解答】

問2　（北から）1・3・2　　問3　4

【ここがポイント！☞】

慶應義塾中等部の歴史は、慶應義塾普通部の歴史と同様に、**身近なものを題材にした問題**から出題されます。今回の問題では、江戸時代の五街道が現在の国道何号線かを答えさせる問題が出題されました。しかも、それを北から順に並びかえなければなりません。これは、慶應義塾中等部の地理でも並びかえ問題が出題されていましたね。これは、受験生にとっては難問です。中々答えられる受験生はいなかったのではないでしょうか。

まず、中山道は、江戸の日本橋から草津（滋賀県）を結ぶ街道です。そして、碓氷峠《うすいとうげ》は現在の群馬県と長野県の県境付近にあります。次に、東海道は江戸の日本橋から京都の三条大橋を結ぶ街道で、箱根峠は現在の神奈川県と静岡県の県境付近にあります。また、甲州街道は、江戸の日本橋から下諏訪《しもすわ》（長野県）を結ぶ街道で、小仏峠《こぼとけ》は現在の東京都と神奈川県の都県境付近にあります。言葉だけでは、イメージがつきにくいと思いますので、左図をご覧ください。

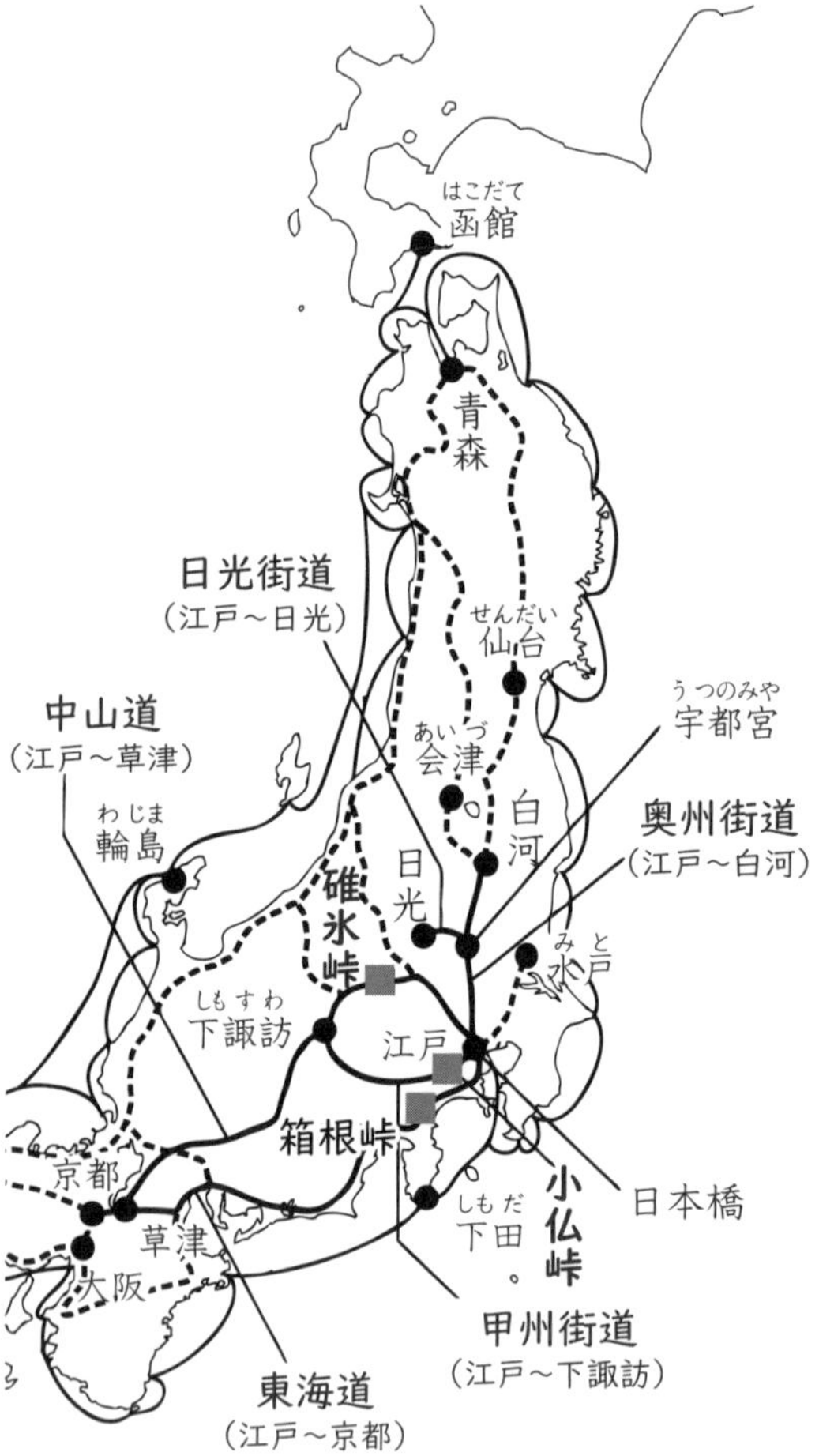

このように、図で見ると非常にわかりやすいですよね。この問題を解く場合、ポイントとなるのは「碓氷峠」と「小仏峠」の位置だと思います。「小仏峠」は、皆さんなら知っているかもしれません。テレビやラジオで、「中央自動車道小仏トンネルを先頭に○○キロメートルの渋滞が予想されます。」というニュースを聞いたことがありませんか。この「小仏トンネル」がある場所が、「小仏峠」のある場所なのです。そうすると、車でドライブをしたことがある方なら「中央自動車道の八王子ＪＣＴ（ジャンクション）の辺りか。」とわかるかもしれません。ですが、子どもは、そんなことを知りません。そういった場合は、皆さんがお子様に教えてあげるのです。「ここが、小仏トンネルだよ」と。何気《なにげ》ないひと言かもしれませんが、そういった言葉は記憶としてお子様の頭に残るものです。

そして、問3では、五街道と宿場町の組み合わせを答えさせる問題が出題されました。これも問2同様、難問です。そもそも、多くの進学塾では五街道は教えますが、最初の宿場町までは教えてくれません。なぜなら、その日に終わらせなければならないカリキュラムがありますから、そんな細かい所まで解説していたら時間がいくらあっても足りません。しかし、果たしてそのような指導で本当に良いのでしょうか。何度も言いますが、慶應義塾中等部の歴史は、**身の回りにあるものを題材にして多くの問題を作っている学校です**。それなのにも関わらず、その学校特有の問題に時間をかけて対策をしないのでは、合格は遠のくばかりです。そうならないためにも、本書でしっかりと対策をしてください。そして、合格を勝ち取りましょう！

さて、ここで問3の対策を仮にしていたら、どのような結果になっていたでしょうか。おそらく多くの受験生は得点できない問題であると思いますので、答えがわかっていたら、他のライバルと大きな差をつけられ、合格に一歩近づけるのです。ここが大きなアドバンテージになるのです。

では、この問題をどのように対策したらよいのかは、この後説明したいと思います。

【対策】

問3の問題は、五街道と最初の宿場町を知っていれば解ける問題です。次の表は、それぞれの街道と最初の宿場町を表したものです。

【街道と最初の宿場町】

街道	宿場町	現在の場所
東海道	品川宿	東京都品川区内（北は京急本線の北品川駅から南は青物横丁駅周辺までの旧東海道沿い一帯）
中山道	板橋宿	東京都板橋区本町・仲宿・板橋1丁目・3丁目
甲州街道	内藤新宿	東京都新宿区新宿1丁目から2丁目・3丁目の一帯
日光街道　奥州街道	千住宿	東京都足立区千住1～5丁目・千住仲町・千住橋戸町・東京都荒川区南千住

品川宿・板橋宿《いたばしじゅく》・内藤新宿《ないとうしんじゅく》・千住宿《せんじゅしゅく》は、江戸《えど》四宿《ししゅく》と呼ばれ、江戸・日本橋に最も近い宿場町で、五街道の起点である日本橋から2里（約8キロメートル）以内のところにありました。江戸と地方を結ぶ各街道の最初の宿場町であり、江戸の出入り口として重要な役割を担《にな》い、人・物資・情報・文化の集散地として機能し、周辺地域と異なった街並みや風格をもっていました。

この中で一番馴染み深いのは、「内藤新宿」だと思います。現在の「新宿」の地名の由来となっています。「内藤」という名前がついているのは、信州高遠藩《たかとおはん》内藤家の中屋敷（通称下屋敷・四谷中屋敷）があったためです。ちなみに、この四谷中屋敷があった場所は、今日の新宿御苑《ぎょえん》になっています。

また、東海道の最初の宿場町は「品川宿」ですが、皆さんなら、東海道新幹線をイメージしてもらえればわかると思います。昔のルートと若干違うところもありますが、大半は、東海道新幹線が走っているルートと東海道のルートは、ほぼ同じです。そう考えると、東海道新幹線の上り方面（京都・大阪方面）の始点が「東京駅」ですから、次の停車駅は「品川駅」となります。「品川駅」は人が多く集まり、高層ビルやホテルなどが密集している地域ですので、人が賑《にぎ》わう町というイメージもしやすいですし、前述した「人・物資・情報・文化の集散地として機能し、周辺地域と異なった街並みや風格をもった町」のイメージにピッタリだとは思いませんか。

こういった情報も、できれば皆さんから話して欲しいのです。食事時でも構いません。どこかへ出掛けたときの話題作りの一環としてでも構いません。何度も言いますが、**何気ない会話の中から、慶應義塾中等部は問題を出題している**ということを忘れないで欲しいのです。全てを、お父様だけお母様だけに任せるのではなく、それぞれが役割を分担して教えてあげると良いですね（例えば、お父様は、現在の日本や世界の社会情勢を中心に教えて、お母様は、日常生活に関する内容を中心に教えてあげるなど）。

第3章

早稲田・慶應の公民

●早稲田編

〜なぜ、東京よりも千葉のほうが逮捕される人が多いの？〜

【問題】

次の会話文を読んで、あとの問に答えなさい。

X：裁判員裁判は、地域で起きた重大な事件を、地域の住民の手によって解決するという意味において、地方自治の見地からも重要な意義を有しているね。

Y：でも、憲法76条1項などとの関係において、制度の合憲性が問われているよ。

Z：確かに、職業裁判官でない人が裁判自体に加わるのだから、問題がありそうだ。

X：いずれにしても最高裁は、外国籍の女性が覚せい剤を密輸入した事件（第1審は裁判員裁判）において、裁判員制度は合憲だと判示したね。

Y：候補者の辞退率が高いことも問題だよ。社会には色々な考えを持つ人たちがいて、その人たちに半強制的に裁判員をやらせるわけだから、心の負担を軽くしてあげないと、今後も辞退率は上昇すると思うな。

Z：その通りなんだけど、負担になるからやりたくないというだけでは、単なるワガママだよ。
X：辞退率を下げたいならば、国民全体で裁判員の経験を共有し、裁判員の貴重な経験を周囲に伝えやすくするためにも、裁判員の守秘義務を緩和するといいんじゃないかな。
Y：それには賛成。他にも、地方においては④事件の集中によって弁護人が不足するなど、課題はたくさんある。議論を重ねて、制度が洗練されることを期待しよう。

問5　傍線部④に関連して、次の表は、平成27年の関東地方における裁判員裁判対象事件の*終局人員数を示している。いくつもの繁華街があり重大な犯罪が多いと思われる東京都よりも、千葉県の人員のほうが多い理由を考えて、記述しなさい。

庁名	終局人員数
東京地裁本庁	102
東京地裁立川支部	21
横浜地裁本庁	57
横浜地裁小田原支部	15
埼玉地裁本庁	64
千葉地裁本庁	136
水戸地裁本庁	25
宇都宮地裁本庁	18
前橋地裁本庁	13

最高裁判所「裁判員制度の実施状況等に関する資料」（平成27年）より。
＊終局人員数：判決・決定などによって終了した裁判の被告人の数。

〈早稲田大学高等学院中学部・平成30年度　改題〉

【解答】

問5　（例）千葉県には、成田国際空港があり、日本への入国審査時に、覚せい剤などの密輸で逮捕される外国人が多いから。

【ここがポイント！☜】

この問題は、**早稲田大学高等学院中学部**で出題された問題です。この問題を解くうえでのポイントは、**柔軟な発想力を持つ**ことです。この問題では、「**繁華街が多くて重大な犯罪件数が多いはずであろう東京都ではなく、なぜ千葉県のほうに終局人員数が多いのか？**」を聞いています。

そもそも裁判員裁判の対象となるのは、殺人や放火、身代金目当ての誘拐などの重大な刑事事件ですが、覚せい剤などの密輸も対象とされています。

では、千葉県には何があるのか考えてみましょう。

すぐに**成田国際空港**があると気づくことでしょう。成田国際空港は、国際線の本数が多いため、たくさんの外国人観光客が日本に訪れます。そのため、入国審査時には、荷物や身体のチェックが必要になります。その際に覚せい剤などの密輸品があれば、**逮捕される割合が高くなる**というわけです。

しかし、ここで疑問に思うことがありませんか。

東京にも、羽田空港があるじゃないかと。確かに羽田空港にも、２０１０年に国際線が開港しましたから、外国人観光客の利用が多いはずです。覚せい剤などの密輸品所持で逮捕されるのも多いはずと考えませんか。でも、羽田空港を利用された方ならわかると思いますが、**羽田空港は国内での旅行や出張に利用することが多いことから、国内線の本数のほうが多い空港**なのです。これらの点に気が付けば、千葉県の終局人員数が多い理由がわかると思います。柔軟な発想力を持つ問題としては、とても良い問題です。ひとつの知識でだけなく、多面的な思考も必要となるのです。

【対策】

早稲田大学高等学院中学部の問題では、**必ず長文の記述問題が出題**されます。年度によっては、100字以内で記述する問題も出題されますので、普段の学習から準備して訓練しておく必要があります。第1章・第2章でも書きましたが、

「**ニュースや新聞を見て自分が思ったこと、感じたことを相手に伝えてみる。**」

「**今、世の中はどのようになっているかを常に意識してみる。**」

「**日頃から、周辺への関心や興味を持ってみる。**」

この3点を常に意識して取り組むようにしていきましょう。

・早稲田編

〜幼稚園と保育園はそれぞれ何省?〜

【問題】

次の文章を読んで、以下の問いに答えなさい。

問5　表1は現在の内閣の仕組みとその働きをまとめたものです。表中の空欄（A）・（B）にふさわしい省（行政機関）の名前をそれぞれ答えなさい。

表1 内閣の仕組みとおもな働き

内閣

組織	おもな働き・外局
内閣府	金融庁／国家公安委員会／消費者庁／宮内庁／公正取引委員会
復興庁	東日本大震災からの復興のための国の施策の企画、調整及び実施と地方公共団体への一元的な窓口と支援を担う。
総務省	地方自治や選挙・消防の仕事を行う。
法務省	裁判以外の法律の仕事を行う。
外務省	外国との交渉に関する仕事を行う。
財務省	国の財政に関する仕事を行う。
文部科学省	教育や芸術・科学技術に関する仕事を行う。
（ A ）省	医療・社会保障や労働環境の整備に関する仕事を行う。
農林水産省	農業・林業・水産業に関する仕事を行う。
（ B ）省	貿易や商業・工業に関する仕事を行う。
国土交通省	国土の開発や交通に関する仕事を行う。
環境省	自然環境の保護や公害の防止に関する仕事を行う。
防衛省	自衛隊を管理し、国の平和を守る仕事を行う。

〈早稲田実業学校中等部・平成28年度 改題〉

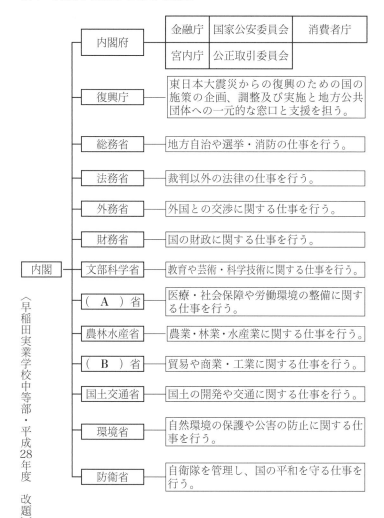

【解答】

問5　A　厚生労働（省）　B　経済産業（省）

【ここがポイント！☜】

この問題は、**早稲田実業学校中等部**で出題された問題です。この問題は、空欄に当てはまる1府13省庁を答えさせる内容です。内閣の単元を勉強していれば、確実に答えられる問題ですので、難しくはありません。

では、なぜ私がこの問題を取り上げたのかというと、**早稲田がこんなに基本的な問題を出題すること自体がまれであるから**です。一般的に、内閣を入試問題にする場合、現在の内閣総理大臣（歴代の内閣総理大臣も含めて）を答えさせる問題やその内閣総理大臣が行った功績などを答えさせる問題、内閣の仕事に関する問題、内閣総理大臣や国務大臣の資格に関する問題などが挙げられます。そういった中で1府13省庁を答えさせる問題が出題されたのは、今後の内閣を学習するうえで、対策をしていく必要があることを意味しています。

特に、２０２１年３月末で復興庁が設置期限を迎えるため（２０３１年３月まで10年の延長が閣議決定された）、復興庁に関する問題は注目しておきましょう。復興庁ができるきっかけとなった出来事は何かも含めて学習しておきましょう。

【対策】

1府13省庁に関する内容で、注目すべき点は他にもあります。例えば、皆さんは**幼稚園と保育園はそれぞれ何省の管轄かわかりますか。**

まず、幼稚園は**文部科学省**で、保育園は**厚生労働省**です。幼稚園は、幼児教育を目的とした教育施設という種類に分けられるため、その管轄は「文部科学省」が担っています。一方で、保育のために存在している保育園は、福祉施設に分類され「厚生労働省」が管轄しています。また、近年増えてきている、認定こども園は「内閣府」が管轄のうえ、文部科学省や厚生労働省と連携して運営しています。

さらに、幼稚園と保育園では勤務する職員についても違いがあります。幼稚園で働く「幼稚園教諭」は、文部科学省の教育職員免許法に基づく教員免許となり、3歳から小学校就学前の幼児に対して教育的指導を行う資格です。一方、保育園では、国家資格である「保育士資格」を持っていれば、保育士として働くことができます。保育士は、児童福祉法に基づいた国家資格で、0歳の乳幼児から小学校就学前まで保育することができます。

このように、皆さんが**知っている・聞いたことがある機関名**を入試に出題することは、十分ありえますので、しっかりと対策しておきましょう。ちなみにこの他も皆さんが知っている・聞いたことがある機関名はまだまだあります。この機会にお子様と調べてみてはいかがでしょうか。

・早稲田編
～グラフを見たとき、瞬時に消費税・所得税を判断できる？～

【問題】

次の文章を読んで、以下の問いに答えなさい。

問4　次の問題に答えなさい。

①　次のグラフのア～エの中から消費税をあらわしているものを1つ選び、記号で答えなさい。

②　この発表で、消費税が10パーセントに引き上げられるのはいつに延期されましたか。次のア～エの中から正しいものを1つ選び、記号で答えなさい。

ア．２０１８年10月　　イ．２０１９年４月

ウ．２０１９年10月　　エ．２０２０年４月

【解答】

問４　①ウ

②ウ

税金（国税）のうちわけ【2015年度】

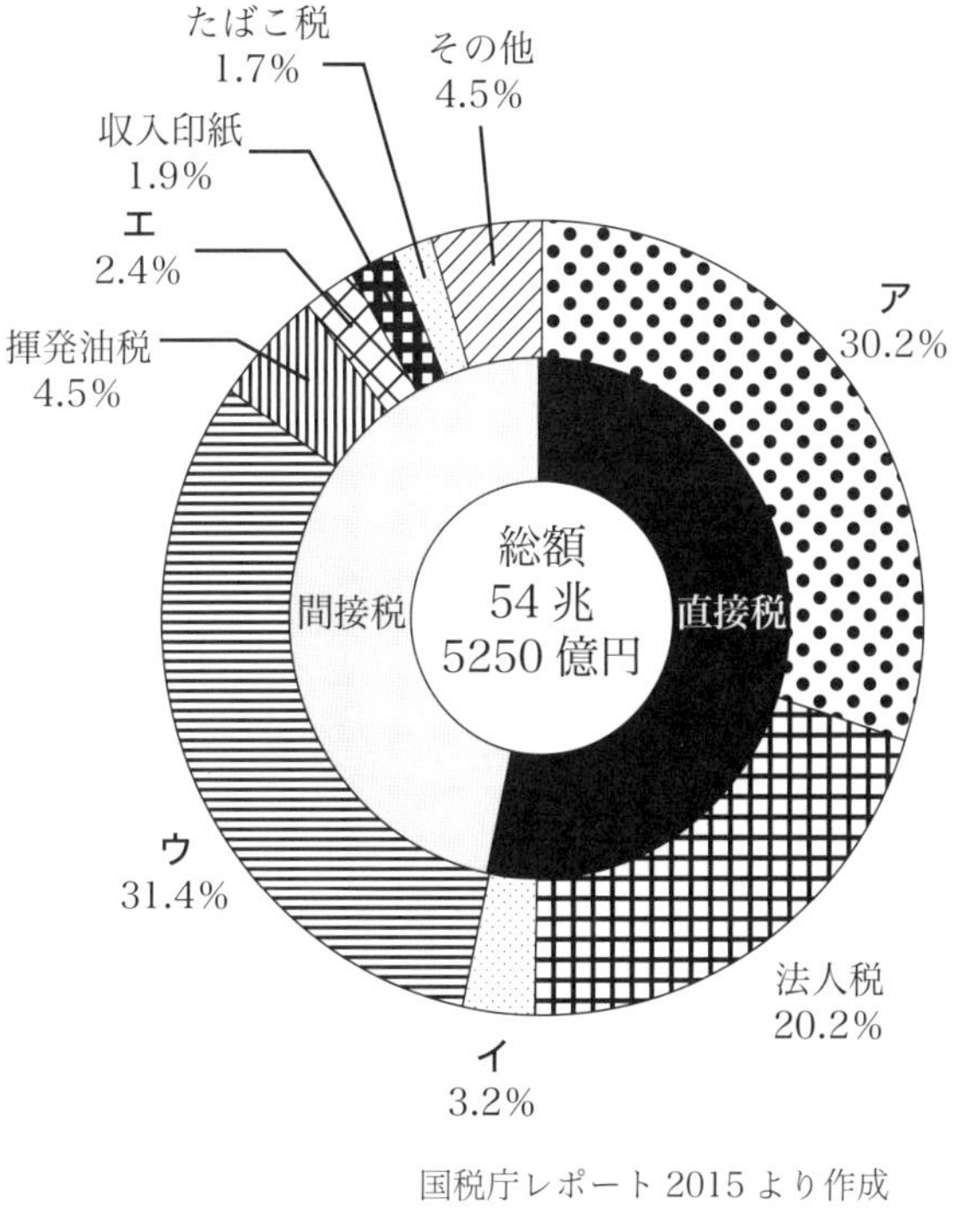

国税庁レポート2015より作成

〈早稲田実業学校中等部・平成29年度　改題〉

【ここがポイント！☜】

この問題は、**早稲田実業学校中等部**で出題された問題です。早稲田実業学校中等部の社会の特徴の一つに**グラフや表・データの読み取り問題が多く出題される**ことがあります。今回の問題もその一つに挙げられます。今回の問題では、消費税をあらわしているものをグラフの中から答えさせる問題が出題されています。今回の税金の内訳のグラフや、国や地方公共団体の歳入・歳出のグラフは、**早稲田系属・附属校でよく出題されます**ので、しっかりと対策をしておく必要があります。

データ読み取り問題を解くうえで効果的な方法は、**一番大きい数字・グラフと一番小さい数字・グラフを見つけること**です。当たり前のことかもしれませんが、入試本番では普段とは違う空気感がありますし、普段ではあり得ないミスなども起こります。そういったときにこそ、基本的なこと・当たり前のことをするのが大切なのです。

【対策】

今回の問題では、税金の種類をしっかりと理解していなければ解けない問題です。税金には、国税と地方税の2種類があります。まずは、税金の種類を整理してみましょう。

【国税】

①直接税……**税を納める人が直接負担する。**

■所得税……**個人の所得（収入）**にかかる税金。**⬇直接税のグラフの中で一番割合が高い。**

・所得税は、収入が多くなるほど、高い率でかけられる。**⬇累進《るいしん》課税**

■法人税……**会社などの法人利益**にかかる税金。

■相続税……**死亡した人などから相続した財産**にかかる税金。

※まとめると、直接税は**財産・財貨にかかる税金。**

②間接税……**税を納める人と負担する人がちがう。**

■消費税……**商品などを買ったとき、商品の値段に一定の割合（現在は10％）**でかかる税金。

⬇間接税のグラフの中で一番割合が高い。

・消費税は、収入に関係なく10％の税金がかかるので、収入の少ない人ほど負担が重くなる。

・所得が低い人のために、食料品などの一部の商品に関しては通常の10％から軽減した税率、8％を適用する**⬇軽減税率（2019年10月から適用）**

■揮発油《きはつゆ》税……**自動車のガソリンなど**を製造場から出荷したときにかかる税金。

■酒税……**清酒・ビール・ウイスキーなど**を製造場から出荷したときにかかる税金。

■関税……**輸入品**を国内に持ち込んだときにかかる税金。

■印紙税……**各種の契約書・領収書などのような経済取引を行ったときに作成される文書**にかかる税金。

■たばこ税……**たばこ**を製造場から出荷したときにかかる税金。

※まとめると、間接税は**もの・サービスにかかる税金**。

【地方税】

■住民税……**地域の住民から徴収**する税金（**都道府県民税と市町村民税**）。

■事業税……**個人や会社の行う事業**にかかる税金。

■固定資産税……**土地や家など**にかかる税金。

ここで挙げた税金が入試で問われる代表的なものですので、しっかりと覚えましょう。また**累進《るいしん》課税や軽減税率に関する内容は、早稲田佐賀中学校でも過去に出題**されていました。併せて覚えておきましょう。

・早稲田編

～「アメリカ・フランス・韓国」にあって「日本・イギリス・ブータン」にないものは?～

【問題】

次の文章を読んで、以下の問いに答えなさい。

問7　大日本帝国憲法のもとでは、天皇は国の元首であり、政治のすべてを統治する、と定められていました。一方、諸外国のうち共和制と呼ばれる政治の仕組みを持つ国では、その元首も国民が選挙で選びます。では現在の国のうち、元首を選挙で選ぶ国はどこですか。次のア～オの中からすべて選び、記号で答えなさい。

ア．アメリカ　　イ．イギリス　　ウ．フランス　　エ．ブータン　　オ．韓国

〈早稲田実業学校中等部・平成30年度　改題〉

【解答】

問7　ア・ウ・オ

【ここがポイント！☞】

この問題は、**早稲田実業学校中等部**で出題された問題です。このような問題は、**内閣で学習する議院内閣制と大統領制の違いを学習していれば、解ける問題です**。今回の問題では、国家元首を選挙で選ぶ国を答えさせる内容が出題されました。選択肢の中にあるアメリカ・フランス・韓国（大韓民国）の元首は大統領で、国民の選挙によって選出をされます。

一方、イギリスは立憲君主制の国で、現在はエリザベス女王が元首です。そして、ブータンは王制の国で、現在はジグミ・ケサル・ナムゲル・ワンチュク国王が元首です。

特に今年は、アメリカで大統領選挙が11月に実施されますので、要チェックです。大統領選挙がどのようにして行われていくのか、大統領制とはどういうものかなどは知っておきましょう。また、アメリカ大統領選挙に関する内容は、連日テレビで取り上げられていますので、時間を作って見ておきましょう。

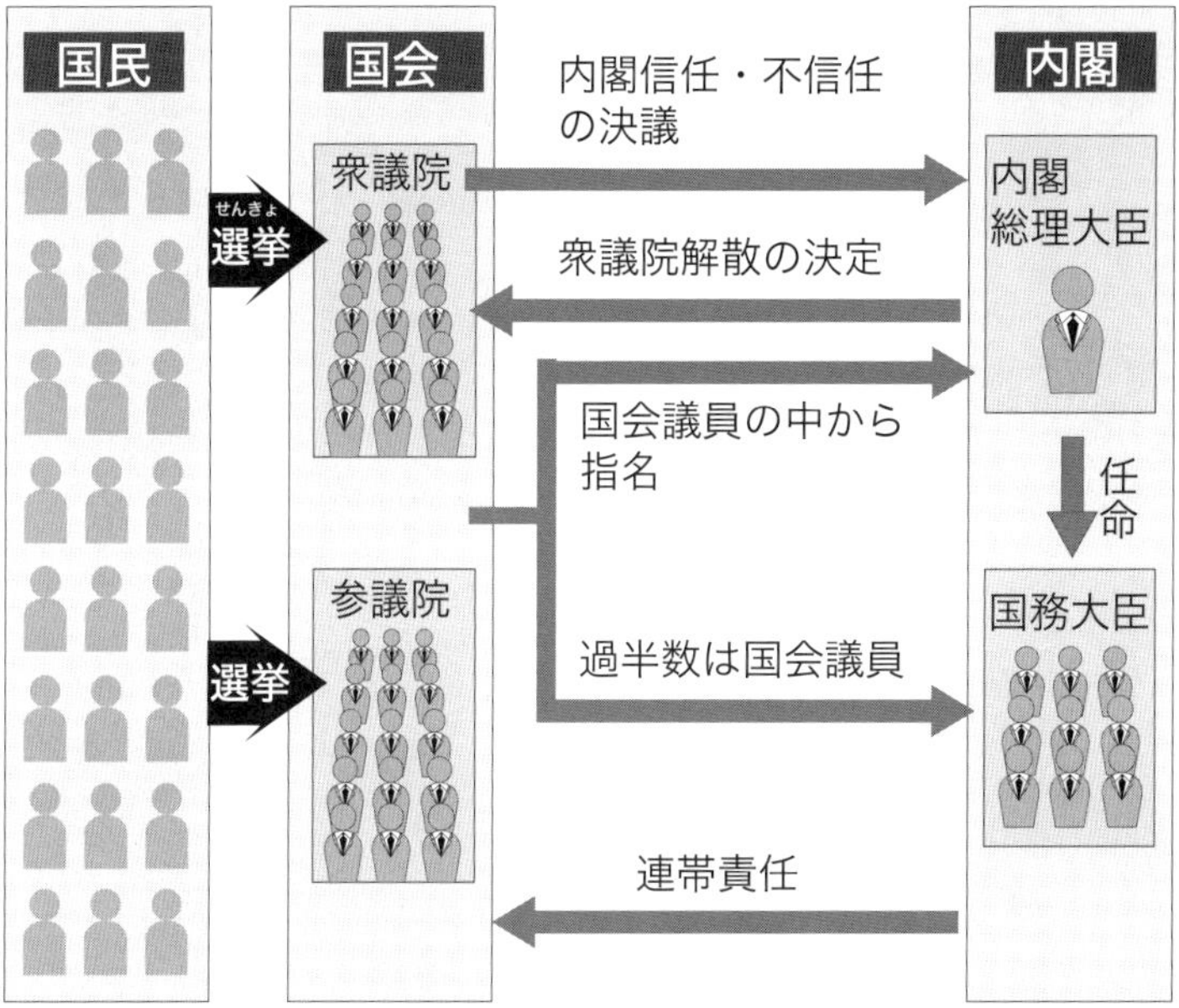

▲議院内閣制のもとでの国会と内閣の関係

【対策】

ポイントにも挙げた通り、議院内閣制と大統領制の違いは知っておきましょう。まず、議院内閣制とは、内閣が議会（国会）の信任の上に成立し、議会に対して責任を負っている仕組みです。日本やイギリスなどで採用されている政治制度です。議院内閣制の特色としては、議会（国会）の議席の多数を占めた政党の推薦《すいせん》する人（普通は党首）が内閣総理大臣に選ばれ、内閣を組織します。言葉だけでは、イメージしにくいと思いますので、上の図をご覧ください。

つまり、内閣総理大臣は国会が指名して選ばれた訳ですから、内閣総理大臣の行った政治に納得ができない場合、「**私（内閣総理大臣）だけが責任を取るのはおかしいでしょ！　私を指名したあなた達（国会議員）にも責任がありますよね！　だから連帯責任です！**」ということです。

一方、大統領制とは何かというと（ここでは、アメリカを例にして挙げます）、大統領が議会とは無関係に事実上国民によって直接選ばれるため、議会から独立したかたちになっています。

これが大統領制です。

これらは、一度は必ず塾や学校で学習するあるいは学習した内容ですので、いまいち自分の頭の中でイメージができていないのであれば、復習をしておきましょう。

・慶應編

～「鶴の一声で決まる」決まり方の長所って何？～

【問題】

次の問いに答えなさい。

2．「鶴の一声で決まる」という集団の意見の決まり方があります。どのような決まり方か、長所がわかるように説明しなさい。

〈慶應義塾普通部・平成28年度　改題〉

【解答】

2．（例）有力者の一言が、結論の出なかった議論の答えとなるような決まり方。

【ここがポイント！☜】

この問題は、**慶應義塾普通部**で出題された問題です。私は、第1章で「慶應義塾普通部は、**身近で親しみやすい内容や見たこと・聞いたことある内容を題材にすること**が多いのが特徴です。また、**それらを記述させる問題も多く**なっています」と書きました。まさにこの問題がその一つです。ここでは、「鶴の一声で決まる」という一度は聞いたことがある、または、習ったことのあることわざを題材として、そのことわざの長所がわかるように説明させるという記述問題が出題されました。

そもそも「鶴の一声」とは一体どんな意味なのでしょうか。辞書で調べてみると、「鶴の一声」とは、「多くの人が議論しているときなどに、否応《いやおう》なしに従わせるような有力者・権威者の一言のこと」とあります。多くの対立する意見が出て議論がまとまらないときなどには、解決策の一つとなります。

ちなみに、鶴は普段はあまり鳴かない鳥です。ちょっとしたことには身をかわしたり、避けたりするため、鶴が声を出すことはほとんどないのです。

しかし、鶴は本当に身の危険が迫ったときには、**周囲に響き渡って威圧するような、大きく甲高い声で鳴きます**。鶴の首はとても長く、金管楽器のように音を共鳴させて、声を遠くまで響かせることができるのです。

つまり、鶴が鳴くときは、よほどの異常事態が起こった証拠というわけですね。鶴の一声は**凄《すさ》まじい鶴の鳴き声の威圧感が由来**で、周囲の全員を一言で鎮《しず》めるような偉い人の決定的な言葉のたとえとなったのです。

また、「鶴の一声」は国語の問題としても出題される内容でもありますから、意味も含めてしっかりと理解しておきましょう。

【対策】

この問題の大問は、「集団」という言葉を題材にした問題の一部分で出題されています。色々な切り口から「集団」という言葉を社会の問題に結び付けています。実際、どのような問題が出題されていたのか見てみましょう。

【問題】

1．次の①～④の文に書かれた「集団」は、それぞれ時代や内容が異なります。それぞれの集団の対象として最も当てはまるものを、ア～エから一つ選んで記号で答えなさい。

①　1950、60年代の高度経済成長期には、集団就職によって、不足がちの労働力を支えることができた。

ア．外国人労働者　イ．高校卒業者　ウ．大学卒業者　エ．地方出身者

② 安倍内閣は、日本が集団的自衛権を行使することができる法律を国会で成立させた。

ア．先進国　イ．同盟国　ウ．国連加盟国　エ．中立国

③ 東日本大震災後、高所への集団移転の計画が徐々に進んでいる。

ア．生活保護受給者　イ．高額納税者　ウ．被災者　エ．高齢者

④ 大阪空港をめぐる深刻な騒音問題に対して、集団訴訟が起こされたことがあった。

ア．周辺住民　イ．地方公共団体　ウ．空港利用者　エ．裁判員

〈慶應義塾普通部・平成28年度　改題〉

【解答】

1．①エ　②イ　③ウ　④ア

この中でも、集団的自衛権は慶應附属校で何度も出題されていますので、集団的自衛権とはどんなときに行使することができるのか。そして、集団的自衛権のメリット・デメリットは何かも含めて知っておくとよいですね。ちょっとわからないということであれば、塾の先生に聞いてみてもよいでしょう。

・慶應編

～日本が批准《ひじゅん》していない条約は？～

【問題】

次の文章を読み、問いに答えなさい。

条約とは、国家間または国際機関との間で交わされた取りきめのことを指します。(ア)その内容には国交回復や平和的関係についてのものや、経済、(イ)自然環境に関するものなどがあります。

条約を結ぶ手順について、日本では、（　あ　）とされており、毎年いくつもの条約が結ばれています。

しかし、(ウ)日本は採択された全ての国際的な条約を批准《ひじゅん》（最終的な合意）しているわけではありません。

（中略）

問1　傍線（ア）について、以下の条約（宣言）が結ばれた年を古い順に並べなさい。

1　日韓基本条約　　2　日中平和友好条約

3　日ソ共同宣言　　4　サンフランシスコ平和条約

問2　傍線（イ）について、自然環境に関する条約の説明として正しいものを選び、番号で答えなさい。

1　ウィーン条約は絶滅《めつ》のおそれのある野生動物の取引について定めている。

2　ワシントン条約はオゾン層保護のためフロンの使用禁止について定めている。

3　バーゼル条約は生物の多様性を保護し、生物資源の持続可能な利用について定めている。

4　ラムサール条約は国際的に重要な湿地・干潟の保護について定めている。

問3　空らん（あ）にあてはまる文を選び、番号で答えなさい。

1　国会が結び、結んだ後に内閣の承認を必要とする。

2　内閣が結び、結ぶ前か後に国会の承認を必要とする。

3　国会が結び、結ぶ前に天皇の承認を必要とする。

4　内閣が結び、結ぶ前か後に天皇の承認を必要とする。

問4　傍線（ウ）について、日本が２０１７年4月の時点で批准していない条約を選び、番号で答えなさい。

1　拷《ごう》問等禁止条約　　　2　人種差別撤廃条約
3　子どもの権利条約　　　4　死刑廃止条約

〈慶應義塾湘南藤沢中等部・平成30年度　改題〉

【解答】
問１　４→３→１→２　　問２　４　　問３　２　　問４　４

【ここがポイント！☞】

この問題は、**慶應義塾湘南藤沢中等部**で出題された問題です。今回の問題では、様々な条約とそれを結ぶ手順について出題されています。条約に関する問題は、歴史分野でも出題されるくらい重要です。

例えば、日本が結んだ条約の多くは、戦争後に結んだ講和条約ですので、戦争名と結んだ都市と内容は押さえておきましょう。

また、問２の自然環境に関する条約の説明として正しいものを選ばせる問題は、**設問に線や印をつける**ようにしましょう。では、この問題であったならどのようにしたらよいのかというと……、

1　ウィーン条約は×絶滅《めつ》のおそれのある野生動物の取引について定めている。

☞ウィーン条約ではなく、**ワシントン条約**

2　ワシントン条約は×オゾン層保護のためフロンの使用禁止について定めている。

☞ワシントン条約ではなく、**モントリオール議定書**

3　バーゼル条約は×**生物の多様性を保護し、生物資源の持続可能な利用**について定めている。

☞この条約の説明は、リオデジャネイロで調印された**生物多様性条約**

4　ラムサール条約は○国際的に重要な湿地・干潟の保護について定めている。

このような方法で行えば、見直しをするときのケアレスミスが防げます。また、解き直しをするときでも自分の答えが合っていたかどうかのチェックがし易くなります。また、選択肢の1～3の内容は、ほとんどの受験生は知らない内容であると思われますが、4のラムサール条約の内容は、塾のテキスト等に必ず載っていますので、知っていれば解けます。

【対策】

それぞれの設問を見て行きましょう。問1は、戦後に結ばれた条約(宣言)の並びかえ問題です。これは、基本的な内容ですので、確実に正解しておかなければなりません。今一度、いつ誰がどこの国と結んだ条約（宣言）なのかを把握しておきましょう。以下にそれぞれの条約（宣言）をまとめました。

【戦後の条約（宣言）】

条約・宣言名	年表	相手国	内閣総理大臣
サンフランシスコ平和条約	1951年	アメリカを含めた48か国	吉田《よしだ》 茂《しげる》
日米安全保障条約	1951年	アメリカ合衆国	吉田 茂
日ソ共同宣言	1956年	ソビエト連邦（ソ連）	鳩山一郎《はとやまいちろう》
改定日米安全保障条約	1960年	アメリカ合衆国	岸《きし》 信介《のぶすけ》
日韓基本条約	1965年	大韓民国（韓国）	佐藤栄作《さとうえいさく》
日中共同声明	1972年	中華人民共和国（中国）	田中角栄《たなかかくえい》
日中平和友好条約	1978年	中華人民共和国（中国）	福田赳夫《ふくだたけお》

次に問2ですが、ポイントの所で解説を行いましたので省略します。問3では、条約の手順について出題されました。この内容は国会の仕事や内閣の仕事で必ず学習する内容ですので、覚えておきましょう。ただし、ここで気を付けることは、条約を**締結**《ていけつ》**（結ぶ）**のは**内閣**で、条約を**承認する**のは**国会**であることを忘れないでください。これは、多くのお子さんが間違えますので、本当に気をつけてください。

そして、問4ですが、日本が2017年時点で条約に批准していないものを選ばせる問題が出題されています。いずれの条約も国際連合の総会で採択・調印されたものですが、1の拷問等禁止条約は1984年、2の人種差別撤廃条約は1965年、3の子どもの権利条約は1989年にそれぞれ調印され、日本は1999年、1995年、1994年にそれぞれ批准しています。4の死刑廃止条約は、1989年に調印されましたが、日本やアメリカ、中国、イスラム諸国などはこれに反対票を投じており、現在も批准していません。

最後の問4は難問です。**1分以上考えても答えがわからないのであれば、他の問題に移りましょう。**慶應義塾湘南藤沢中等部の試験時間は25分と非常に短いですから、1問にかける時間は限られます。その中で、1分以上も1問にかけるのは時間のムダです。それならば、他の問題で自分が必ず解ける問題・正答率の高い問題を確実に正解する方が大事です。

・慶應編
～中等部に行くなら、『学問のすすめ』・『福翁自伝《ふくおうじでん》』の内容を知っていると有利になる！～

【問題①】

次の文章を読んで、あとの問いに答えなさい。なお、資料の一部はわかりやすく書き改めてあります。

現在の私たちに保障されている権利・自由の歴史を振り返ってみると、その原点は１８６８年明治政府によって公布された五か条のご誓文にまでさかのぼることができます。ここで宣言された内容が、板垣退助らによる自由民権運動を経て、１８８９年の大日本帝国憲法の制定、そして１８９０年の国会開設によって現実のものとなりました。しかし、この段階ではまだ、国民の権利・自由は天皇によって与えられた臣民の権利にすぎないものでした。

その後、第二次世界大戦の敗戦を経て１９４６年に公布された日本国憲法において、ようやくわが国でも基本的人権が認められるに至ったのです。
しかし、現在の私たちに保障されている権利・自由は、無制限に認められるものなのでしょうか。この点について、福澤諭吉は、1899年に刊行された「福翁自伝」の中で、次のように述べています。

私（福澤）は、新聞の記者は、勇気をふるって自由に記事を書くべきだと思います。ただし、他人の事を記事にするからには、その内容は、本人に会っても直接話せるようなものに限るべきで、それを踏《ふ》み越《こ》えてはいけない。どんなに厳しいことや大げさなことを書いてもかまわない。しかし、記事にするだけはしておいて、もしその記事にした相手の人に実際に会うとなったとき、面と向かってその記事のことを話すのは、良心がとがめ、恥《は》ずかしい気がして、結局知らん顔をしてその人から逃げ回るような態度をとる者を、私は「注 蔭弁慶《かげべんけい》の筆」と名付けています。そんな蔭弁慶によって書かれる記事は、結局無責任な空論や、単なる悪口、中傷になってしまうから、正しくあろうと思う人は決してそんなことはすべきではないと常に気をつけています。

注：蔭弁慶……人がいないところでは強がり、面と向かっては弱い人のこと。

（中略）

問2　福澤が「蔭弁慶の筆」と名付けて気をつけていることは、日本国憲法の中でも保障されている、ある権利・自由の限界（範囲）を示したものといえます。その権利・自由を5文字で答えなさい。

〈慶應義塾中等部・平成20年度　改題〉

【解答】

問2　表現の自由

【問題②】

次の文章は、福澤諭吉著『学問のすすめ（初編）』の一部を現代語訳したものです。これを読んで、各問に答えなさい。

国民一人ひとりが、(自分に与《あた》えられた権利を自覚し、政治や社会に対するしっかりとした自分なりの考えを持てるようになるために)学問をするにあたっては、分限《ぶんげん》ということを知ることが大変重要だ。人間は生まれながらにして、他人から何もしばられることはなく、男は男、女は女として、みな自由な存在であるけれども、ただ自由ということだけを主張して、分限をわきまえないと、それはただのわがまま勝手におちいってしまう。つまり、分限とは※天の道理に基づく人々の常識にしたがって、他人に迷惑《わく》をかけることのない範《はん》囲で、自分自身の自由を発揮することをいうのだ。そこで、自由とわがままとのちがいは、他人に迷惑をかけるか、かけないかにあるわけだ。

※天が正しいと認めた筋道

問1　文章の中で、福澤は分限という言葉をどのような意味で使っているか選びなさい。

1　学問の限界　　2　良心の限界　　3　責任の限界　　4　自由の限界

問2　問1の答えをさらに別の言葉で言いかえるとすると、もっともふさわしい言葉はどれか選びなさい。

1　責任　2　人権　3　経験　4　平等

〈慶應義塾中等部・平成19年度　改題〉

【解答】

問1　4　問2　1

【ここがポイント！☞】

この問題は、**慶應義塾中等部**で出題された問題です。慶應義塾中等部は、**慶應3校の中で福澤諭吉に関する問題を多く出題**しています。慶應中等部を第一志望にされている方は、『**学問のすすめ**』や『**福翁自伝**』**の内容を知っていると有利**です。中でも『学問のすすめ』は、マンガにもなっていますので、活字が苦手というお子さんにもお勧めです。

また、令和2年度入試では、「**福澤諭吉に関する問題**」**が出題**されました。内容は、福澤諭吉が行った歴史的出来事で「日米修好通商条約」の締結より前のできごとを選ばせる問題が出題されています。ちなみにどんな問題かというと……、

問7（2）日米修好通商条約の締結より前のできごとを選び、記号で答えなさい。

1　福澤諭吉が江戸に蘭学塾を開く　2　福澤諭吉が『学問のすすめ』を著す
3　福澤諭吉が大阪の適塾で学ぶ　4　福澤諭吉が咸臨丸で渡米する
〈慶應義塾中等部・令和2年度　改題〉

皆さんはこの答えがわかりましたか。ちなみに正解は3となります。この問題は、福澤諭吉の伝記を読んでいなければわからないかもしれません。ちなみに、日米修好通商条約は1858年に締結されました。そして、1は1858年、2は1872年、3は1855年、4は1859年となりますので、参考にしてください。

【対策】

問題①と問題②をそれぞれ見ていきましょう。まず、問題①ですが、引用された福澤諭吉の文章に「新聞の記者は、勇気をふるって自由に記事を書くべきだ」とあります。これは報道の自由を記していますが、この自由も含めて日本国憲法は「集会、結社及び言論、出版その他一切の表現の自由は、これを保障する」（憲法第21条）としているので、「表現の自由」が当てはまります。

次に問題②の答えですが、問1の分限の本来の意味は、「身分」や「法律上の地位」のことですが、ここでは「分限をわきまえないと、それはただのわがまま勝手におちいってしまう」とあることや、「分限とは、天の道理に基づく人々の常識にしたがって、他人に迷惑をかけることの範囲で、自分自身の自由を発揮することをいう」とあることなどから、「自由の限界」を表すと考えるのが適当であるといえます。

また、問2は問1と同じ理由から、「責任」がもっとも適当であるといえます。自由や権利の行使には一定の責任をともなうという点は、基本的人権の原則でもあります。

ここまでは、『学問のすすめ』『福翁自伝』を知っておくと有利ですと説明しましたが、この他にも福澤諭吉の書籍がたくさんあります。例えば、**『西洋事情』『文明論之概略《ぶんめいろんのがいりゃく》』『脱亜論《だつあろん》』**などがあります。中でも『脱亜論』は、『学問のすすめ』と同様、マンガにもなっていますのでこれを機に読んでみてもよいでしょう。

第4章

早稲田・慶應で合否に差がつく問題編

・早稲田編
～ハマチは大きくなると、何という魚になる？～

【問題】

次の文章を読み、以下の問いに答えなさい。

日本の沿岸は水産資源が豊富ですが、魚のとりすぎや環境の変化により、魚が減ってきています。１９７０年代以降、世界では多くの国が海岸線から200海里以内の範囲に排他的経済《はいたてきけいざい》水域《すいいき》を設定するようになりました。その結果、日本の漁業のありさまは大きく変化していきます。これから日本は、外国から魚を大量に買うか、[1]魚を増やす工夫をしなければなりません。

問３　傍線部1について、魚を増やす工夫をしている鹿児島湾の様子を撮影した次の写真を見て、以下の問題に答えなさい。

写真1　イケスの広がる鹿児島湾奥《わんおく》の様子

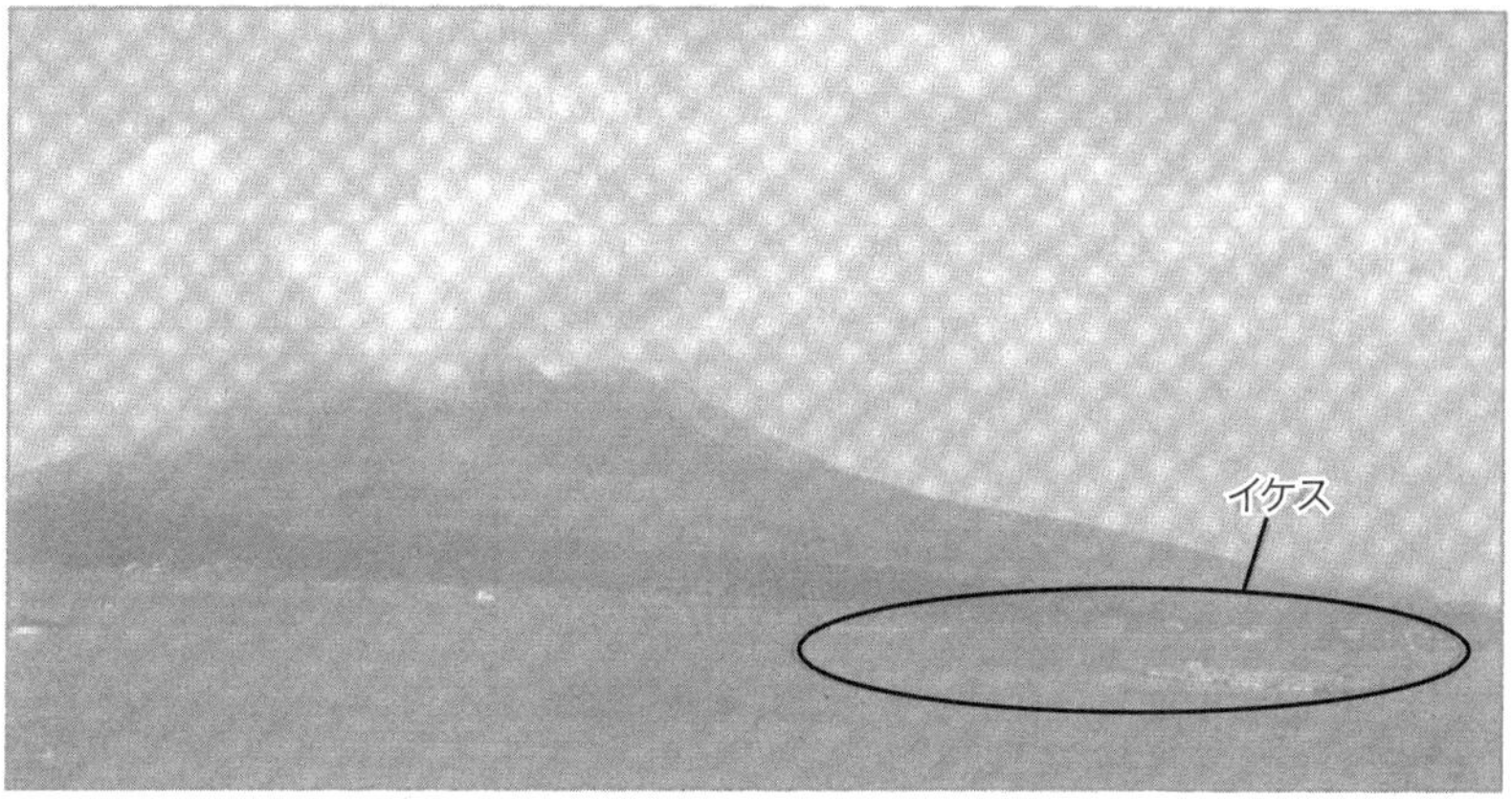
イケス

写真2　鹿児島湾沿いの道の駅で見つけた看板

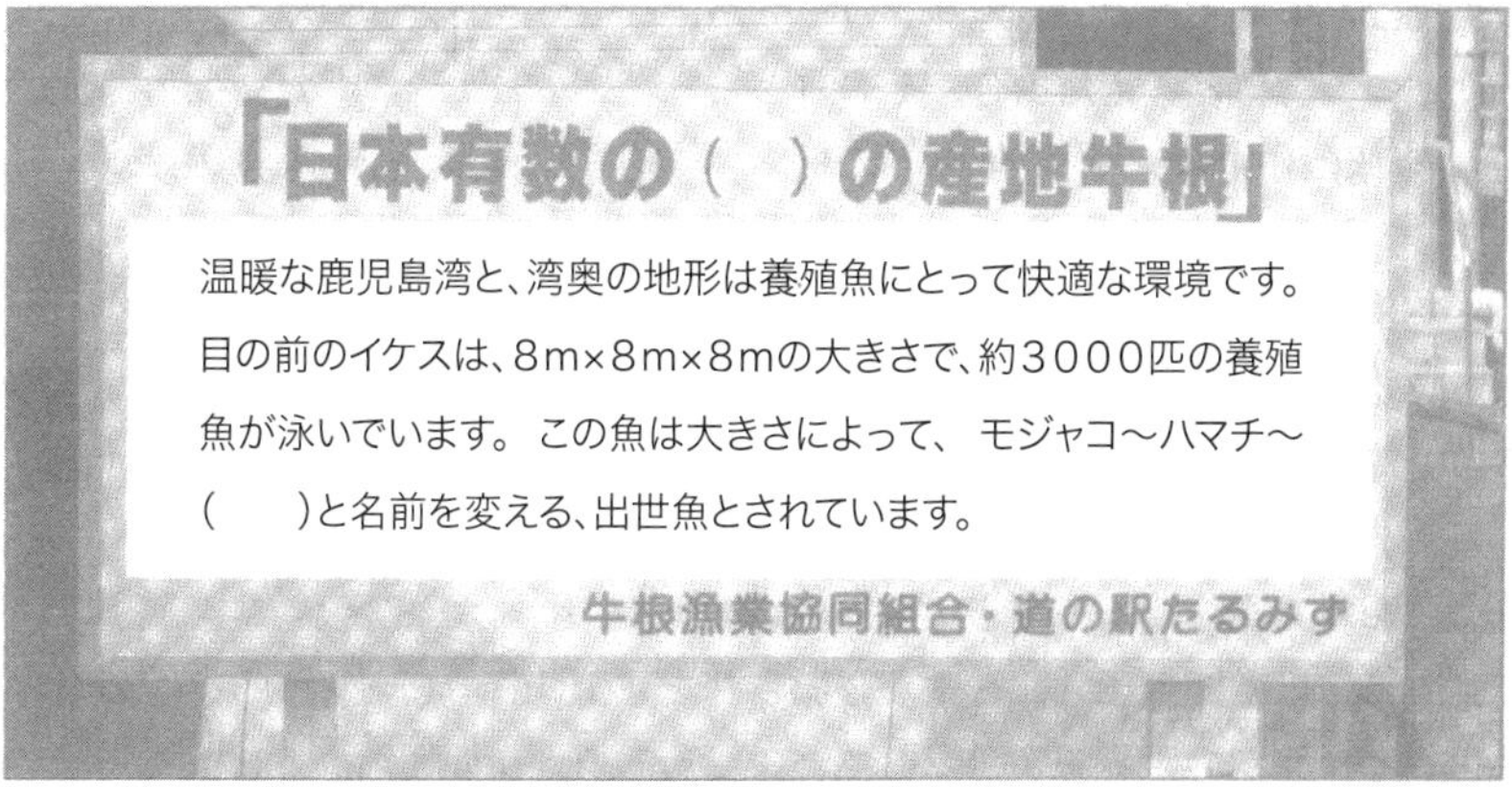
「日本有数の（　）の産地牛根」
温暖な鹿児島湾と、湾奥の地形は養殖魚にとって快適な環境です。目の前のイケスは、8m×8m×8mの大きさで、約3000匹の養殖魚が泳いでいます。この魚は大きさによって、モジャコ～ハマチ～（　　）と名前を変える、出世魚とされています。
牛根漁業協同組合・道の駅たるみず

（注）　写真2の看板の内容は一部編集している。

（1）次の文章は写真1について説明しています。（X）・（Y）についてあてはまる語句を答えなさい。

イケスの広がる鹿児島湾奥に見えるのは（X）です。1914年の噴火で溶岩流が流出し、（Y）半島と陸続きになりました。写真からわかるように、現在もひんぱんに火山灰を噴出しています。

（2）写真2の（　）にあてはまる養殖魚の名前をカタカナで答えなさい。

（3）海面養殖業で扱うものとしてふさわしくないものを、次のア～カの水産物中からすべて選び記号で答えなさい。

ア．うなぎ　イ．しんじゅ　ウ．かき　エ．まだい　オ．こんぶ　カ．こい

〈早稲田実業学校中等部・平成25年度　改題〉

【解答】

問3（1）X　桜島　Y　大隅　（2）ブリ　（3）ア・カ

【ここがポイント！☞】

この問題は、**早稲田実業学校中等部**で出題された問題です。日本の水産業についての問題ですが、出生魚を答えさせる問題が出題されています。出世魚に関する内容は、**理科の問題でも出題**されやすいので対策をしておきましょう。

ちなみに皆さんは、この問題を見たとき、すぐにわかりましたか。正直、この問題を初見で見たとき、私はわかりませんでした（笑）。社会の問題にこのような問題を取り入れたのは、面白いと思いました、点数に差がつく問題であると思いました。

また、**魚を題材とした問題は、平成30年度にも出題されています。**そのときの問題は、次の通りです。

問３　下のイラストのうち、「アジ」を表しているものを次のア～エの中から１つ選び、記号で答えなさい。

〈早稲田実業学校中等部・平成30年度　改題〉

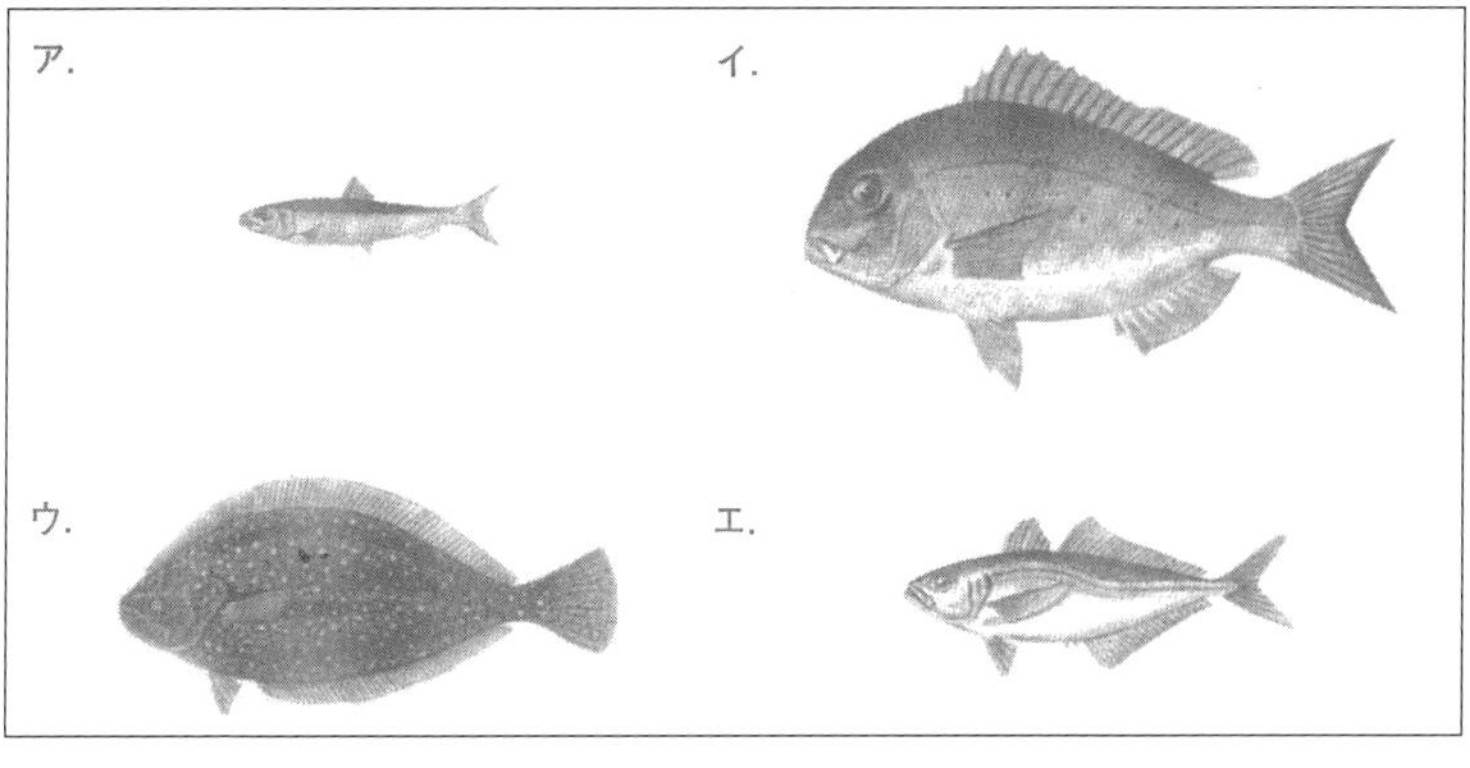

保護者の皆さんなら、「アジ」のイラストはすぐにわかったと思います。しかし、お子様ならどうでしょうか。魚が大好きなお子様、釣りが大好きなお子様ならすぐにわかったでしょう。ですが、多くのお子様は知りません。実際に見たことがなければ解けない問題です。事実、私が教えている生徒にも聞いてみましたが、ほとんど「アジ」を知っている生徒はいませんでした（ちょっと、悲しかったです…）。

ちなみにこの問題の答えは、エとなります。

【対策】

このような問題を対策するうえで、一番効果的なのは、**スーパーマーケットに連れていく**ことです。なぜ、スーパーマーケットがよいのかというと、**魚を間近で見ることができる、触ることができる**からです。そして、何よりも一番重要なこと、**魚そのものの形（本来の形）で見ることができる**からです。

皆さんも自分が子どもだった頃を思い出してみてください。食卓に魚が切り身の状態で出されていましたか。そうではなかったと思います。でも、今はどうでしょうか。違いますよね。魚が切り身で出されることが多くなっています。だから、多くの子どもたちは、切り身の状態でしか見たことがないのです。食卓に魚を出すときは、是非とも魚そのものの形で出してあげてください。

さて、問題の解説ですが、（2）の問題の答えである「ブリ」ですが、成長するに従って名前が変わる出世魚の代表です。成長過程の名前は地方によって異なりますが、一般的に体長が80センチメートル以上のものを「ブリ」といいます。

そして、（3）の問題ですが、「うなぎ」と「こい」が正解です。「うなぎ」の生態は十分にわかっていませんが、深海でふ化した「うなぎ」の子（シラスウナギ）が川をさかのぼって淡水《たんすい》で成長します。また、「こい」はもともと淡水魚です。よって、「うなぎ」と「こい」の2つが海面養殖魚の種類としてふさわしくないということがわかります。

・早稲田編
～国民の祝日を全部答えられる？～

【問題】

次の文章を読んで、以下の問いに答えなさい。

昨年（２０１４年）の５月23日に、参議院の本会議において「国民の祝日に関する法律」の改正案が可決され、[1]来年の２０１６年から祝日が１日増えることが決定しました。この時点で、日本の祝日は全部で［ A ］日になり、１年の中で祝日が無いのは［ B ］月だけ（２０１９年からは12月も祝日は無し）になりました。

それぞれの祝日が決められた理由にはさまざまなものがあります。たとえば、４月29日は昭和の時代は『天皇誕生日』でしたが、現在では『昭和の日』と名前を変えて祝日のままで続いています。５月３日が『憲法記念日』なのは、１９４７年のその日から日本国憲法が【 D 】されたので、そのことを祝って制定されたものなのです。

来る《きた》［ C ］年に東京で夏季オリンピックが開催《かいさい》されることが決まりましたが、前回１９６４

年に東京オリンピックが開催された日を祝って制定されたのが『【Ｅ】の日（2020年からはスポーツの日に名称が変更）』です。ただし、現在この『【Ｅ】の日』は「10月の第3月曜日」と定められていて、年によって日付が変わる祝日となっています。[2]同じように1月・7月・9月にも月曜日が祝日になるように定められている日がありますが、そのおかげで、その月には土曜日を含めて必ず三連休があることになっています。

（中略）

問1 [Ａ] にあてはまる数字を次のア～エの中から1つ選び、記号で答えなさい。

ア．11　イ．16　ウ．20　エ．24

問2 [Ｂ] と [Ｃ] にあてはまる数字を算用数字でそれぞれ答えなさい。

問3 【Ｄ】と【Ｅ】にあてはまる言葉を、漢字2字でそれぞれ答えなさい。

問4 傍線部1は『何の日』ですか。漢字1字で答えなさい。

問5 傍線部2はそれぞれ『何の日』ですか。1月と9月は漢字2字、7月は漢字1字で答えなさい。

〈早稲田実業学校中等部・平成27年度　改題〉

【解答】

問1 イ　問2 B 6(月) C 2020(年) 問3 D 施行《し》 E 体育

問4 山(の日)　問5 1月……成人(の日)　7月……海(の日)　9月……敬老(の日)

【ここがポイント！☜】

この問題も、**早稲田実業学校中等部**で出題された問題です。この問題は、国民の祝日をもとにした問題です。国民の祝日は、多くの中学校で出題されています。早慶にスポットをあてますと、**早稲田中学校・慶應義塾中等部でそれぞれ出題**されています。特に慶應義塾中等部は、平成25年度、令和2年度と複数回出題されました。

では、どんな問題であったか実際に見てみましょう。

【問題①】

国民の祝日の説明について、A～Dは**何月何日**か、E～Hは何月の**第何月曜日**か答えなさい。

A　自然に親しむとともにその恩恵《けい》に感謝し、豊かな心をはぐくむ

B　勤労を尊《とうと》び、生産を祝い、国民たがいに感謝しあう

C　激動の日々を経《へ》て、復興を遂《と》げた昭和の時代を顧《かえり》み、国の将来に思いをはたす
D　日本国憲法の施行を記念し、国の成長を期《き》する
E　大人になったことを自覚し、みずから生き抜《ぬ》こうとする青年を祝いはげます
F　多年にわたり社会につくしてきた老人を敬愛し、長寿《じゅ》を祝う
G　海の恩恵《おんけい》に感謝するとともに、海洋国日本の繁《はん》栄を願う
H　スポーツに親しみ、健康な心身をつちかう

〈慶應義塾中等部・平成25年度　改題〉

【解答】
A　5（月）4（日）　B　11（月）23（日）　C　4（月）29（日）　D　5（月）3（日）
E　1（月の第）2（月曜日）　F　9（月の第）3（月曜日）
G　7（月の第）3（月曜日）　H　10（月の第）2（月曜日）

【問題②】

次の文章を読んで、各問に答えなさい。

2020年はこれまでと異なる日程で「国民の祝日」が定められています。新たな祝日として

２０２０年からは2月23日が（ア）となります。また、２０２０年に限り、東京オリンピック・パラリンピックの開催に伴う祝日の移動があります。オリンピックの開会式前日の7月23日が（イ）に、開会式当日の24日が（ウ）になるほか、閉会式の翌日である8月10日は（エ）となります。

問1　（ア）～（エ）に当てはまる祝日の正しい組み合わせを選び、数字で答えなさい。

1　ア　平成の日　　イ　海の日　　ウ　オリンピックの日　　エ　山の日
2　ア　平成の日　　イ　山の日　　ウ　スポーツの日　　エ　海の日
3　ア　天皇誕生日　　イ　海の日　　ウ　スポーツの日　　エ　山の日
4　ア　天皇誕生日　　イ　山の日　　ウ　オリンピックの日　　エ　海の日

問2　１９６６年から１９９９年まで、10月10日は体育の日という祝日でした。なぜその日が祝日だったのか、10字以上30字以内で理由を答えなさい。

〈慶應義塾中等部・令和２年度　改題〉

【解答】
問１　３　　問２　（例）東京オリンピック開催を記念して、開会式の日を祝日にしたから。

皆さん、どうでしたか。問題①は、知っていた方も多かったのではないでしょうか。しかし、問題②は、「２０２０年の祝日が今までの日程と異なっている」点に気付きましたか。これは、テレビのニュースや新聞にも取り上げられていましたし、仮に知らなかったとしても、２０２０年のカレンダーや手帳を見ていれば、解けたはずではないかと思います。

【対策】

問題を見ていただいて分かるように、国民の祝日は、**社会の問題に使用されやすい内容**です。特に、今年は慶應義塾中等部でも出題されていたように今までの日程と異なっていますので、他の学校でも出題されると思います。

次の表は、国民の祝日をまとめたものです。今までの日程と２０２０年のみの日程、それぞれの祝日の説明を入れています。

【国民の祝日】

祝日名	日にち	説明
元日	1月1日	年の初めを祝う。
成人の日	1月第2月曜日	大人になった男子・女子を祝う。
建国記念の日	2月11日	国が建てられた昔を記念する。
天皇誕生日	2月23日	天皇の誕生日を祝う。
春分の日	春分日（2020年は3月20日）	自然をたたえ、生物をいつくしむ。
昭和の日	4月29日	激動の日々と復興をとげた時代をふりかえる。
憲法記念日	5月3日	日本国憲法の施行を記念する。
みどりの日	5月4日	自然に親しむとともに、その恵みに感謝する。
こどもの日	5月5日	こどもの幸福をはかるとともに、母に感謝する。
海の日	7月第3月曜日（2020年は7月23日）	海の恵みに感謝する。
山の日	8月11日（2020年は8月10日）	山に親しむとともに、山の恵みに感謝する。

敬老の日	9月第3月曜日	老人をうやまい愛し、長寿を祝う。
秋分の日	秋分日 （2020年は9月22日）	祖先をうやまい、亡くなった人をしのぶ。
スポーツの日	10月第2月曜日 （2020年は7月24日）	スポーツに親しみ、健康な心身をつちかう。
文化の日	11月3日	自由と平和を愛し、文化をすすめる。
勤労感謝の日	11月23日	勤労を尊び、国民がたがいに感謝する。

もし、お子様が国民の祝日を知らないのであれば、是非、この表を活用してください。

また、祝日の中には「○月第○月曜日」というものがあります。これに該当するのが、「成人の日」・「海の日」・「敬老の日」・「スポーツの日」です。この祝日は、それぞれ1月15日・7月20日・9月15日・10月10日として制定されましたが、一部の祝日を特定の週の月曜日に振り替える「ハッピー・マンデー法」の施行により、現在はそれぞれ1月第2月曜日・7月第3月曜日・9月第3月曜日・10月第2月曜日となりました。このように、祝日には様々な点で学ぶべきところがたくさんありますので、しっかりと対策をしておきましょう。

●早稲田編
～なぜ、蛇口《じゃぐち》は下に下げれば水が止まるのか？～

【問題】

次の文章を読んで、傍線部分についての問いに答えなさい。

水道の蛇口《じゃぐち》は、レバーを上下させれば水を出したり止めたり、水の量を多くしたり少なくしたりも簡単に調整できるもの（シングルレバー栓《せん》）が主流になってきています。このような蛇口は、レバーを上に上げれば水が出るものとレバーを下に下げれば水が出るものと２種類ありました。しかし、１９９５年に大きな災害が起こったのちは、レバーを上に上げれば水が出て、下に下げれば水が止まるものが主流になっています。

問１　１９９５年に起こった大きな災害とは何ですか、答えなさい。

問２　レバーを上に上げれば水が出て、下に下げれば水が止まる蛇口が多くなってきたのはなぜですか。１９９５年に起こった災害との関係、社会全体に与える影響《えいきょう》を考えながら100字以内で説明しなさい。

〈早稲田大学高等学院中学部・平成22年度　改題〉

【解答】

問1　阪神・淡路大震災

問2　（例）下げると水が出るレバー式の水道では、地震が起こったときに上からの落下物などによりレバーが下がると、その状態が続いて水が出たままになり、ライフラインで最も重要な水が大量に失われてしまうから。

【ここがポイント！☞】

これは、**早稲田大学高等学院中学部**で出題された問題です。今回は、災害と水道のレバーについての問題が出題されました。現在では当たり前のように使用している水道の蛇口ですが、皆さんは、いつから今のような形になったのか、気になったことはありませんか。その答えがこの問題でわかったのではないでしょうか。

このように、私たちが**普段何気なく使っているものなどを「なぜだろう？」と思わせるような問題を出題**しているのが早稲田大学高等学院中学部の特徴です。実はこの他にも特徴はいくつかあります。それについては、この後に解説したいと思います。

【対策】

今回の問題の解説ですが、まず問1の答えは、阪神・淡路大震災です。1995年1月17日、兵庫県淡路島北部を震源とするマグニチュード7.3の大地震が発生し、震源地に近い神戸市を中心に6400名を超える死者・行方不明者を出しました。この地震による災害を「阪神・淡路大震災」と言うようになりました。

また、問2では、水道の蛇口が回転式の場合、身体に障がいのある方・高齢者の方・幼児など、力の弱い人などが水を出すのはなかなか困難です。そこで、レバー式の蛇口が増えましたが、これには水を出すのにレバーを上げるタイプと下げるタイプの2つがありました。しかし、下げるタイプはこの震災のとき、上からの落下物によりレバーが下がった状態が続いて水が出たままになり、ライフラインで最も重要な水が大量に失われるという問題が起こりました。そこで、この震災の教訓を生かし、レバーを上げると水が出るタイプが主流になってきました。この他にも最近では、赤外線センサーにより手を差し出すことで自動的に蛇口が開くタイプのものも普及《ふきゅう》しつつあります。

今回の問題では、**震災によってライフラインで最も重要な水が大量に失われた教訓から生まれた問題**です。このように教訓として生かされた問題は、今後の記述でも出てくるのではないかと思います。

・早稲田編

〜なぜ、日本各地の海岸で砂浜が減ってきた？〜

【問題】

次の問いに答えなさい。

近年、日本各地の海岸で砂浜が減ってきています。数年前まで海水浴場としてにぎわっていたのに、今では見るかげもなく砂がなくなってしまった海岸も多数あります。なぜ砂浜は減ってきたのでしょうか。その理由について、100字程度で説明しなさい。

ただし、海岸浸食《しんしょく》（波が海岸をけずりとること）の影響や海水位の上昇は理由にふくめないものとします。

〈早稲田大学高等学院中学部・平成23年度　改題〉

【解答】

（例）海岸の砂浜の砂は、河川の上流から運ばれて海に流れ出た土砂が、波によって打ち上げられたものであるが、森林の減少やダムの建設により河川の水量が減ったため、河口まで運ばれる土砂が減ったから。

【ここがポイント！】

この問題も、**早稲田大学高等学院中学部**で出題された問題です。この問題を見た印象はどうだったでしょうか。私はこの問題を見たとき、クイズみたいな問題だなと思いました。つまり、**大人でもじっくりと時間をかけて、考えさせる問題**であるということです。これが、早稲田大学高等学院中学部の特徴の２つ目です。

この問題は、海岸の環境についての問題です。近年の中学入試では、環境問題を題材とした問題が多く出題されてきています。早慶もその一つです。特に、今回の問題で取り上げた海をはじめ、川や湖、山などを題材とした問題は、社会の問題だけではなく理科でも多く出題されていますので、十分な対策が必要です。

【対策】

では、この問題の解説を見てみましょう。この問題のポイントは2つあります。1つ目は、「なぜ、日本各地の海岸で砂浜が減ってきたのか？」ということです。そして、2つ目は、「海岸浸食（波が海岸をけずりとること）の影響や海水位の上昇は理由にふくめない」ということです。

こういった問題の場合なら、理科で教わる浸食作用を使いたいところですが、それが使えません。つまり、**理科の知識を使うのではなく、社会的側面から理由を答えなくてはいけない**のです。

日本の海岸に広がる砂浜の砂は、河川によって上流から運ばれ海に流れ出た土砂が、波によって海岸に打ち寄せられたものです。近年、砂浜の砂が減っている地域が見られるのは、森林の減少やダムの建設により河川の水量が減り、その結果、河口まで運ばれる土砂の量も減ってしまったからなのです。**森林の減少やダムの建設**が、この記述問題の答えのカギだったのです。

・早稲田編
～なぜ、大地震がおこると自動車の大渋滞が二次災害をおこす？～

【問題】

次の問いに答えなさい。

もし大きな地震がおこっても、自動車で避難《ひ》したり自宅に帰ろうとしたりしないようにするべきだと言われています。その理由の1つには、道路そのものや信号機が壊れたりして自動車が思うように進まず、大渋滞が発生して、被災者を助けに行かなければならない救急車などの走行をさまたげるということがあげられます。その理由とは別に、自動車の大渋滞が大変な二次災害をおこす可能性があることも理由にあげられます。それは自動車のしくみが原因でおこる災害です。その災害とはどのようなものでしょうか。100字以内で説明しなさい。

〈早稲田大学高等学院中学部・平成24年度　改題〉

【解答】

（例）道路が自動車で渋滞しているときに沿道で火災が発生した場合、熱で自動車に積まれているガソリンに引火し、新たな火災や爆発をおこす危険性があり、消防車も動きがとれないため、大災害となる可能性がある。

【ここがポイント！☜】

この問題も、**早稲田大学高等学院中学部**で出題された問題です。この問題も先程の蛇口のレバー同様、災害を題材としています。今回は、震災と自動車の関係について出題されています。やはり、この問題も災害から学ぶべき教訓を記述させています。

このように、「**自分がもし、同じ状況になったらあなたはどうしますか？**」「**どういう行動をとりますか？**」ということを問うています。これが早稲田大学高等学院中学部の３つ目の特徴です。

早稲田大学高等学院中学部を第一志望で考えている方は、ポイントとして挙げた３つの特徴を参考にして、記述の対策を行ってください。

【対策】

この問題を記述するうえでのポイントは、**自動車には何が積まれているのかを知ること**です。

ほとんどの自動車は燃料としてガソリンを積んでいます。そのため、大地震が発生したときに道路が自動車で渋滞すると、沿道で火災が発生した場合、輻射熱《ふくしゃ》（放射される熱）などでガソリンに引火し、新たな火災や爆発をおこす可能性があります。渋滞のため消防車も動きがとれないので、そうなった場合には大きな二次災害を引きおこすことが心配されています。また、自動車は換気《かんき》のために外気を取り入れたり、内部の空気を循環《じゅんかん》させたりしているので、渋滞の際に車内へ排気ガス中の一酸化炭素が流れ込んで来たり、車内の二酸化炭素の濃度が上がったりして中毒をおこすことも考えられます。

・早稲田編

～与一くん・さのまる・バリィさん・カツオ人間・ふっかちゃんは、何県のご当地キャラ？～

【問題】

中学受験を目指す健《けん》くんと純《じゅん》くんが、日本各地の「ご当地キャラ」について雑談をしています。次の会話を読んで、それぞれの問に答えなさい。

健「最近、全国各地に都道府県や市町村を宣伝するマスコットキャラクターがたくさんあるよね。純くんは好きなキャラは、ある？」

純「ぼくは『さのまる』と①『与一くん』かな。『さのまる』は、佐野市名物のラーメンの器をかぶっているのが面白いよね。『与一くん』は歴史上の人物がモデルで、弓矢を持っているのがかっこいいよ。」

健「知ってる!!どっちも（Ａ）県にあるご当地キャラだよね。」

純「その通りだよ。じゃあ、黒部ダムを宣伝する『くろにょん』は知ってる？②ダムの現場作業員の格好《かっこう》をしているネコなんだよ。」

健「それは知らなかったなぁ。黒部ダムって（Ｂ）県にあるよね。ネットで調べてみようかな。ぼくは③『バリィさん』と④『カツオ人間』が気に入っているよ。『バリィさん』は（Ｃ）の生地《きじ》でできた腹巻をしているよ。この市の（Ｃ）の生産は全国一だよ。『カツオ人間』は顔がそのままカツオになっていて、インパクトあるよね。」

純「知ってる!!どっちも同じ地方のご当地キャラだよね。そういえば、健くんの住んでいる深谷市にもいたよね。」

健「うん。『ふっかちゃん』のことだね。地元で栽培される農作物の（Ｄ）が頭についているよ。」

純「⑤深谷市は、『日本の資本主義の父』と言われた実業家（Ｅ）の出身地だよね。」

健「そうだよ。彼は第一国立銀行を設立したことでも知られているよ。」

純「よし!!じゃあ、そろそろ勉強しようか。」

健「そういえば、この前、ぼくたちが目指す中学の文化祭に行ったとき、⑥『ふなっしー』にそっくりな先生がいたよね。」

純「いたいた!!合格したら会えるよ。楽しみだね。」

問1　傍線部①について、「与一くん」のモデルは平安時代末期の武士です。これについて、次の問いに答えなさい。

（1）この武士を有名にしたのが、1185年の屋島の戦いです。屋島の場所を、地図中のあ～この中から1つ選び、記号で答えなさい。

（2）この武士の活躍は琵琶《びわ》法師《ほうし》によって語られた軍記物に描《えが》かれています。この軍記物とは何ですか。**漢字4字**で答えなさい。

問2　傍線部②について、一般的にダムを造る目的や効果として**誤っているもの**を次の中から1つ選び、記号で答えなさい。

ア　大雨のときなどに河川の流量をコントロールするため。

イ　貯めた水を、農業用のかんがい用水や工業用水として使うため。

ウ　過疎化して人が住まなくなった河川の上流部の土地を有効に利用するため。

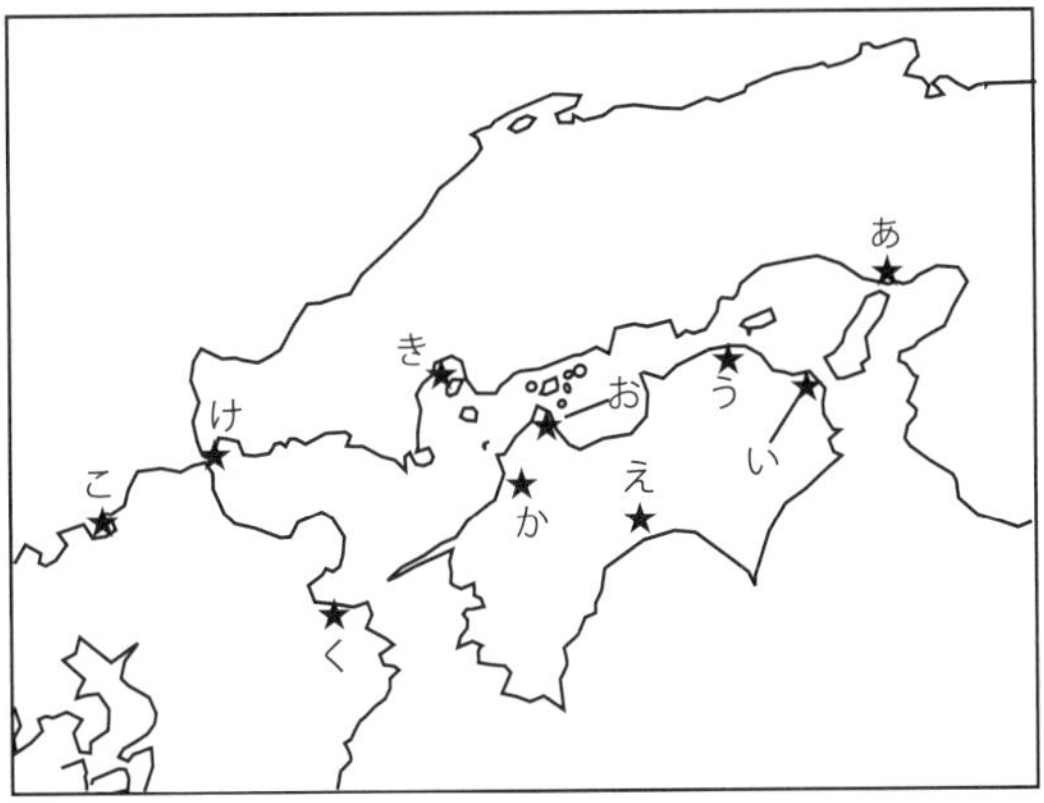

エ　ダム建設で造られた湖を、レクリエーション活動などの観光の場として使うため。

問3　傍線部③について、「バリィさん」は橋の形をした王冠《おうかん》をかぶっています。この橋がかかる海峡《かいきょう》を次の中から1つ選び、記号で答えなさい。また、「バリィさん」の地元の位置として正しいものを、地図中のあ～この中から1つ選び、記号で答えなさい。

ア　関門《かんもん》海峡　　イ　来島《くるしま》海峡　　ウ　鳴門《なると》海峡　　エ　明石《あかし》海峡

問4　傍線部④について、「カツオ人間」がマスコットになっている県の説明として正しいものを次の中から1つ選び、記号で答えなさい。

ア　関サバ・関アジなどの高級魚を出荷している。

イ　この地方で最高峰の石鎚山《いしづちさん》（1982メートル）がある。

ウ　台風の襲来《しゅうらい》が多い潮岬《しおのみさき》がある。

エ　この県のほぼ中央部を仁淀川《によどがわ》が流れている。

問5　傍線部⑤について、次の統計はある野菜の生産量を示したものです。その野菜名を答えなさい。

1位　宮崎県(624)	2位　群馬県(549)	3位　傍線部⑤のある県(457)
4位　福島県(389)	5位　千葉県(353)	

（単位：百t）

	1月	2月	3月	4月	5月	6月	7月	8月	9月	10月	11月	12月	全年
ア	3.0 284.8	3.4 169.7	6.8 156.8	12.8 127.3	17.7 146.2	21.6 166.5	25.6 233.4	27.2 127.6	22.7 202.3	16.6 144.9	11.0 205.3	5.9 272.9	14.5 2237.6
イ	−0.6 51.1	0.1 49.8	3.8 59.4	10.6 53.9	16.0 75.1	20.1 109.2	23.8 134.4	25.2 97.8	20.6 129.4	13.9 82.8	7.5 44.3	2.1 45.5	11.9 932.7
ウ	6.0 51.9	6.5 65.6	9.5 102.3	14.6 107.8	19.0 141.5	22.7 223.6	26.9 191.6	27.8 89.6	24.3 130.3	18.7 96.7	13.3 68.0	8.4 46.0	16.5 1314.9
エ	6.3 58.6	7.5 106.3	10.8 190.0	15.6 244.3	19.7 292.0	22.9 346.4	26.7 328.3	27.5 282.5	24.7 350.0	19.3 165.7	13.8 125.1	8.5 58.4	17.0 2547.5
オ	17.0 107.0	17.1 119.7	18.9 161.4	21.4 165.7	24.0 231.6	26.8 247.2	28.9 141.4	28.7 240.5	27.6 260.5	25.2 152.9	22.1 110.2	18.7 102.8	23.1 2040.8

（上段が月平均気温(℃)，下段が月降水量(mm)，1981年～2010年の平均値）

問6　傍線部⑥について、「ふなっしー」の地元の船橋市には谷津《やつ》干潟《ひがた》が隣接《りんせつ》しています。谷津干潟は水鳥など数多くの生物が生息する湿地で、この湿地を守るためにある条約に登録されています。この条約名を答えなさい。

問7　上の表は、傍線部③・④の「ご当地キャラ」がいる県・沖縄県・福井県・長野県の県庁所在地における気温と降水量を示したものです。傍線部③と④の「ご当地キャラ」がいる県の県庁所在地にあてはまるものを表中のア～オの中から1つずつ選び、記号で答えなさい。

問8　文中の（A）～（D）にあてはまる語句を答えなさい。また、（E）にあてはまる人物を次の中から1つ選び、記号で答えなさい。

ア　渋沢栄一　　イ　福沢諭吉
ウ　松方正義《まつかたまさよし》　　エ　岩崎弥太郎《いわさきやたろう》

〈早稲田中学校・平成27年度　改題〉

【解答】

問1（1）ぅ　（2）平家物語　問2　ウ　問3　海峡……イ　地元の位置……お

問4　エ　問5　きゅうり　問6　ラムサール（条約）　問7　③　ウ　④　エ

問8　A　栃木（県）　B　富山（県）　C　タオル　D　ねぎ（長ねぎ）　E　ア

【ここがポイント！☞】

この問題は、**早稲田中学校**で出題された問題です。この問題は、日本各地の「ご当地キャラ」を題材にしています。「ご当地キャラ」は、過去に**早稲田佐賀中学校でも出題**されたことがありますので、他の早稲田系の中学校でも出題される可能性はあると思います。

それでは、「ご当地キャラ」を1つずつ見ていきましょう。まず、問1に出てきた「与一くん」は、栃木県大田原《おおたわら》市のイメージキャラクターで、当地出身の弓矢の名人として知られる那須与一《なすのよいち》をモデルにしています。

そして、問3の「バリィさん」は、愛媛県今治《いまばり》市のPRマスコットキャラクターです。「バリィさん」の頭上の王冠は、瀬戸内しまなみ海道の橋をイメージし、腹巻は今治市名産のタオル生地を使っています。

問4の「カツオ人間」は、高知県のご当地キャラです。高知県は四国南部の太平洋に面し、カツオの一本釣りで知られています。

問5の「ふっかちゃん」は、埼玉県深谷市《ふかや》のご当地キャラで、深谷市は「深谷ねぎ」の産地として知られています。

そして、問6の「ふなっしー」は千葉県船橋市在住の「梨の妖精《ようせい》」という設定のマスコットキャラクターです。「ふなっしー」は、皆さんもよく知っているマスコットキャラクターですね。

このように、日本には多くのマスコットキャラクターがいます。ここには出ていませんでしたが、「くまモン」も皆さんが知っているマスコットキャラクターです。「ご当地キャラ」は、**地理の問題として使用されやすい**ので、対策しておく必要があります。


【対策】

今回の問題をよく見てみると、歴史の問題はさほど難しくはありませんが、地理の問題は応用力が必要です。それでは、地理の問題に焦点を当てて見ていきたいと思います。

まず、問1の(1)で「屋島」の位置を答えさせる問題が出題されました。屋島は香川県高松市の北東に位置していますので、「う」が正解となります。屋島は源平合戦があった場所としても有名ですので、歴史も含めて覚えておきましょう。

次に、問3では「バリィさん」の地元を答えさせる問題が出題されました。「バリィさん」はポイントでも解説した通り、愛媛県今治市のマスコットキャラクターです。今治市と広島県尾道市《おのみち》とは本州四国連絡橋の一つ「瀬戸内しまなみ海道（西瀬戸自動車道）」で結ばれており、今治市側に来島《くるしま》海峡大橋がかかっていますので、海峡は「い」で、地元の位置は「お」となります。ここで、知識として必要なものに本州四国連絡橋があげられます。本州四国連絡橋は、多くの学校で出題されていますので、それぞれの場所とルートはしっかりと覚えておきましょう。

なお、アの関門海峡は本州（山口県下関《しものせき》市）と九州（福岡県北九州市門司《もじ》区）、ウの鳴門海峡は四国（徳島県鳴門市）と淡路島（兵庫県南あわじ市）、エの明石海峡は淡路島（兵庫県淡路市）と本州（兵庫県明石市）の間にある海峡です。また、地図中「あ」は明石市、「い」は鳴門市、「え」は高知市、「か」は松山市、「き」は廿日市市《はつかいち》（広島県）、「く」は大分市、「け」は関門海峡、「こ」は福岡市の志賀島《しかのしま》となります。

問4では、「カツオ人間で有名な高知県を答えさせる問題が出題されました。高知県中央部の高知平野には石鎚山（愛媛県）を水源とする仁淀川が流れていますので、エが正解となります。ちなみに、アは大分県、イは愛媛県、ウの潮岬は和歌山県にあり、本州最南端にあたります。

問5の統計資料は、きゅうりの生産量を表しています。きゅうりの生産量は宮崎県が全国の12%を占めて最も多く、以下に群馬県・埼玉県・福島県の各県が続きます。統計資料は『日本国勢図会』2019／20年版によります。

問7の雨温図は、③は「バリィさん」ですので愛媛県松山市となり、④は「カツオ人間」ですので高知県高知市となります。愛媛県は瀬戸内の気候に属しますので、年間を通して降水量が少なく、比較的おだやかな気候でありますので、答えはウとなります。また、高知県は太平洋側の気候に属し、夏の南東の季節風や台風の影響で、夏の降水量が非常に多いため、エがあてはまります。ちなみに、アは日本海側の気候に属する福井市、イは中央高地の気候に属する長野市、オは南西諸島（亜熱帯）の気候に属する那覇市（沖縄県）となります。

・早稲田編

〜建築家のガウディが建てた世界遺産は？ タージ・マハルってどこの国の世界遺産？〜

【問題①】

次の文章を読んで、以下の問いに答えなさい。

スペインの都市バルセロナにある日本人学校に通うケンくんは、スペイン人の友人ビセンテくんと日本とスペインの関係について調べてみました。

（中略）

2人の住むバルセロナは地中海に面しています。街には、④建築家ガウディの未完成作品として有名な世界文化遺産にも登録されている教会があります。

（中略）

ア　モンサンミッシェル

イ　アンコールワット

ウ　ノイシュバンシュタイン

エ　サグラダファミリア

問7　1992年にバルセロナで夏季オリンピックが開催されました。その後の開催都市を並べると次のようになります。この間、夏季オリンピックが**開催されていない地域**を次の中から1つ選び、記号で答えなさい。

アトランタ→シドニー→アテネ→ペキン→ロンドン→リオデジャネイロ

ア　ヨーロッパ　　イ　北アメリカ
ウ　南アメリカ　　エ　オセアニア
オ　アジア　　カ　アフリカ

問8　傍線部④について、この教会を上の写真の中から1つ選び、記号で答えなさい。

〈早稲田中学校・平成29年度　改題〉

【解答】

問7　カ　　問8　エ

【問題②】

II．次に下の写真A～Dの世界遺産がある国（A国～D国とする）について調べました。

問1　B国は世界で2番目に多い人口を抱《かか》えており、その人口密度は日本の約1.1倍です。B国の面積を求め、その値に最も近いものを次のア～エから1つ選び、記号で答えなさい。

ア　約260万㎢　　イ　約330万㎢　　ウ　約400万㎢　　エ　約470万㎢

〈早稲田中学校・平成28年度　改題〉

A

B

C

D

【解答】

問1　イ

【ここがポイント！☜】

この問題は、**早稲田中学校**で出題された問題です。**世界遺産に関する問題は、早慶のみならず多くの中学入試で出題されます。**特に、日本がその年に世界遺産に登録された場合、問題として出題されやすいので、要チェックです。**今回の問題では、日本ではなく世界各国の世界遺産を答えさせる問題が出題されています。**問題①では、スペインのバルセロナにあるガウディの建築作品が出題されました。スペインの建築家ガウディの未完成作品として知られるサグラダファミリアは、バルセロナにあるカトリック教会で、1882年に建設が始まり、ガウディ死後の現在も工事が行われています。完成は2026年が予定されています。ちなみに、アはフランス西海岸にあるカトリックの修道院、イはカンボジアにある仏教の寺院遺跡、ウはドイツにある城で、19世紀にバイエルン王のルートヴィヒ2世が趣味のために建てたものといわれています。

問題②では、インドにある世界遺産が出題されました。写真Aはエジプトのピラミッド、Bはインドのタージ・マハル、Cは中華人民共和国（中国）の万里の長城、Dはアメリカ合衆国の自由の女神像です。Bのインドの総人口は約12億5214万人（日本の約10倍）で中国についで世界第2位です。人口密度は日本の約1.1倍あるので、日本の面積を約37.8万km²としてインドの面積を求めると、37.8×10÷1.1＝343.63……より、約343.6万km²となります（実際は328.7万km²）。よって、イが最も近い答えとなります。

特に、問題②では、該当国の国土面積・時差を求めさせる問題が出題されています。とりわけ、国土面積を求めさせる問題は、社会の知識だけではなく、算数の知識も要求されています。時差の求め方・縮尺の求め方が苦手な場合は、日頃から練習をしておく必要があります。

【対策】

世界遺産に関する問題は、ポイントでも解説をした通り、多くの中学入試でよく出題されています。まずは、**日本に登録されている世界遺産の件数と名前・登録地は、全て答えられる**ようにしましょう。皆さんは、いくつ答えられますか。

【日本の世界遺産（２０２０年現在)】

① 自然遺産（登録年数４件）

世界遺産名	登録年	登録地	説明
知床	２００５年	北海道	**ヒグマ**や**オジロワシ**などの生物を頂点とした**食物連鎖**の形が評価。

白神山地	1993年	青森県 秋田県	**ブナの原生林**が広がっている地域。
小笠原諸島	2011年	東京都	他に類を見ない独自の生態系を形作っていることから、「**東洋のガラパゴス**」とも呼ばれている。
屋久島	1993年	鹿児島	樹齢8000年とも言われる**縄文杉**を中心に**屋久杉と**いわれる巨大な杉が多い。

② 文化遺産（登録件数19件）

世界遺産名	登録年	登録地	説明
※1平泉《ひらいずみ》	2011年	岩手県	**中尊寺**など、源氏の発展に貢献した**奥州藤原氏**の3代100年にわたる仏教建築群。
富岡《とみおか》製糸場と絹産業遺産群	2014年	群馬県	**群馬県富岡市**に設立された**日本初の本格的な器械製糸の工場**。

世界遺産名	登録年	登録地	説明
日光の社寺《しゃじ》	1999年	栃木県	**徳川家康**を権現《ごんげん》として祀《まつ》る**東照宮**を中心に、関連施設103棟の建造物群。**陽明門**など、9種の国宝がある。
※2国立西洋美術館	2016年	東京都	**ル・コルビュジエ**の建築作品は、国立西洋美術館の他に**ドイツ・アルゼンチン・ベルギー・フランス・インド・スイス**の7か国に残る建築群が対象となっている。
白川郷・五箇山《ごかやま》の合掌《がっしょう》造り集落	1995年	富山県 岐阜県	**岐阜県北部**と**富山県南部**に広がる、他の地域には見られない特異な家屋がある**里山地域**。
※3富士山	2013年	静岡県 山梨県	**山梨県**と**静岡県**の県境にそびえる**活火山**。信仰《しんこう》の対象であるという特別な価値を持ち合わせていることから、**世界文化遺産として登録**。

古都京都の文化財	１９９４年	京都府 滋賀県	平安京遷都《せんと》から明治時代に至《いた》るまで、約１０００年に渡る日本の都として築かれた、様々な施設が遺産登録されている。その施設は京都市内だけでなく、**平等院**のある**京都府宇治市**、**延暦寺**《えんりゃくじ》のある**滋賀県大津市**にまで広がる。
古都奈良の文化財	１９９８年	奈良県	**奈良の大仏**で有名な**東大寺**を中心に**藤原氏**と縁《えん》の深い**興福寺**や**春日大社**、唐でも屈指《くっし》の高僧鑑真《こうそうがんじん》の建立した**唐招提寺**《とうしょうだいじ》など、奈良盆地に都がおかれた奈良時代の貴重な施設が遺産とされている。
法隆寺地域の仏教建造物	１９９３年	奈良県	**世界最古の木造建築物**であり、**聖徳太子**によって建立されたとされる**法隆寺**を中心に登録されている。

世界遺産名	登録年	登録地	説明
紀伊山地の霊場《れいじょう》と参詣道《さんけいみち》	2004年	和歌山県 奈良県 三重県	**奈良県**、**和歌山県**、**三重県**の3県にまたがる山岳《さんがく》地帯。南朝の本拠地となった**吉野**、**空海**が開祖の**真言宗**の総本山である**高野山**にある**金剛峯《こんごうぶ》（峰）寺《じ》**、日本三大瀑布《ばくふ》の一つである**那智《なち》の滝**など、多くの施設や景観が登録されている。
※4 百舌鳥《もず》・古市《ふるいち》古墳《ふん》群	2019年	大阪府	**大阪府堺市**、**羽曳野市《はびきの》**、**藤井寺市**にある45件49基の古墳群の総称。**日本最大の前方後円墳**で、**仁徳天皇《にんとく》**の墓だといわれている**大山《だいせん》（仙）古墳**などが登録されている。
姫路城	1993年	兵庫県	**池田輝政《いけだてるまさ》**によって現在の形になった。別名**白鷺城《しらさぎしろ》**とも呼ばれ、日本の国宝にも指定されている。

石見《いわみ》銀山遺跡とその文化的景観	2007年	島根県	**室町時代から江戸時代**にかけて大量の銀を産出した**石見銀山**とその銀を精錬《せいれん》する施設、輸送する交通網などが「自然との共生」を考えられながら開発が行われている点が高く評価され、登録。
原爆ドーム	1996年	広島県	**1945年8月6日**に投下された**原子爆弾**の爆心地のほぼ中心に位置した**広島県産業奨励館《しょうれいかん》**の建物。アウシュビッツ強制収容所やビキニ環礁《かんしょう》などと同様に「**負の遺産**」として登録されている。
厳島《いつくしま》神社	1996年	広島県	創建《そうけん》は**推古天皇**の時代にまでさかのぼるとされる。現在の形になったのは、のちに太政大臣《だいじょうだいじん》となる**平清盛**《たいらのきよもり》が、安芸《あき》国の国府《こくふ》に赴任《ふにん》した折《おり》に寄進《きしん》を受けたことが始まりとされている。

世界遺産名	登録年	登録地	説明
「神宿《やど》る島」宗像《むなかた》・沖ノ島と関連遺産群	2017年	福岡県	「福岡県宗像《むなかた》大社《たいしゃ》沖津宮《おきつぐう》祭祀《さいし》遺跡出土品・伝《でん》福岡県宗像大社沖津宮祭祀遺跡出土品」として約8万点の品が国宝に指定されており、「**海の正倉《しょうそう》院**」とも呼ばれている。
長崎と天草地方の潜伏《せんぷく》キリシタン関連遺産	2018年	長崎県 熊本県	**長崎**・**熊本**における**キリスト教**の伝来と繁栄《はんえい》、激しい弾圧と250年もの潜伏、そして奇跡の復活という、世界に類《るい》を見ない布教の歴史を物語る資産として、登録。現存するキリスト教建築物としては最古の**大浦天主堂**《おおうらてんしゅどう》も登録。
※5明治日本の産業革命遺産	2015年	岩手 静岡 山口 福岡 佐賀 長崎 熊本 鹿児島	**山口・福岡・佐賀・長崎・熊本・鹿児島・岩手・静岡**の8県に点在し、全23資産により構成されている。**八幡《やはた》製鉄所《せいてつじょ》修繕《しゅうぜん》工場《こうじょう》**と**三菱《みつびし》長崎《ながさき》造船所《ぞうせんじょ》**は現在も稼働《かどう》中《ちゅう》である。また、**松下《しょうか》村塾《そんじゅく》**では3年弱の間に**高杉晋作**《たかすぎしんさく》、**伊藤博文**《いとうひろぶみ》、**山縣有朋**《やまがたありとも》などの塾生を輩出《はいしゅつ》した。

琉球《りゅうきゅう》王国のグスク及《およ》び関連遺産群	2000年	沖縄県	明治時代の琉球処分によって失われた**琉球王国**の時代にあった、沖縄各地にある「**グスク**」と呼ばれる城や要塞《ようさい》の跡などが登録。沖縄県を代表する**首里城**も登録。

※1　正式名は、『**平泉—仏国土《ぶっこくど》（浄土《じょうど》）を表す建築・庭園及び考古学的遺跡群**』

※2　正式名は、『**ル・コルビュジエの建築作品—近代建築運動への顕著《けんちょ》な貢献《こうけん》—**』

※3　正式名は、『**富士山—信仰の対象と芸術の源泉《げんせん》**』

※4　正式名は、『**百舌鳥・古市古墳群—古代日本の墳墓《ふんぼ》群—**』

※5　正式名は、『**明治日本の産業革命遺産　製鉄・製鋼、造船、石炭産業**』

皆さん、どうでしたか。２０２０年現在で、日本の世界遺産は計23件となりました。是非、これを機にお子様と日本の世界遺産を調べてみたり、旅行に行ってみたりしてはいかがでしょうか。

・早稲田編 ～からっ風が吹く日の典型的な気圧配置は？～

【問題】

次の文章を読み、各問に答えなさい。

問2 （2） からっ風が吹く日の典型的な気圧配置（次ページ）を1つ選び、記号で答えなさい。

（3） 群馬県などの地域では、家屋《かおく》に対してどちらの方位に屋敷林《やしきりん》を配置すると良いでしょうか。適切なものを1つ選び、記号で答えなさい。

ア 北と西　イ 南と西　ウ 南と東　エ 北と東

（中略）

問10 小豆島《しょうどしま》（東経134.2度）と東京（東経139.8度）では、日の入り時刻は何分何秒違《ちが》いますか。経度に基《もと》づいて計算しなさい。ただし、緯度や地形などは考えないものとします。

〈早稲田中学校・平成30年度　改題〉

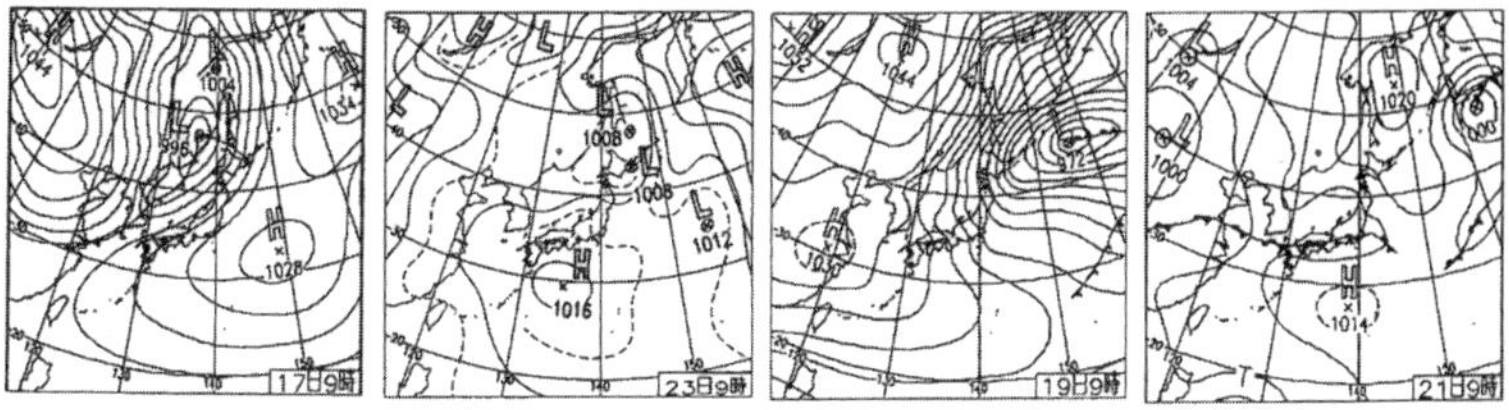

ア　イ　ウ　エ

※図中のHは高気圧、Lは低気圧を示す。気象庁H.P.より

【解答】

問2（2）ウ　（3）ア　問10　22（分）24（秒）

【ここがポイント！☜】

この問題は、**早稲田中学校**で出題された問題です。問2の（2）・（3）では、からっ風の典型的な気圧配置を答えさせる問題と屋敷林の配置に関する問題が、問10では、小豆島と東京の日の入り時刻の差を計算して答えさせる問題が出題され、**社会の知識だけではなく、理科の知識も要求**されます。理科が苦手な場合は、日頃から練習をしておく必要があります。

【対策】

そもそも「からっ風」とは、何でしょうか。「からっ風」とは、越後《えちご》山脈を越《こ》えて群馬県側に吹き降ろす冬の乾《かわ》いた北西の季節風を意味します。「上州《じょうしゅう》名物、かかあ天下にからっ風」という言葉があるように、群馬県では「からっ風」は名物となっています。

それでは、問題に移りましょう。問2の(2)ですが、「からっ風」とは冬に吹く風のことですから、冬の典型的な気圧配置を示すものを選びましょう。そうすると、ウが当てはまります。日本の東の海上に発達した低気圧があるため、「西高東低《せいこうとうてい》」と呼ばれる気圧配置となり、日本付近には多くの等圧線が南北に並行する形で並びます。

問2の（3）ですが、関東内陸部（群馬県や埼玉県など）の農家では、強い季節風から家屋を守るため、敷地《しきち》の北や西にケヤキ・カシなどの樹木を植えているところが多くみられます。こうした樹木は屋敷林（森）と呼ばれます。

最後に問10ですが、東京と小豆島の経度差は、5.6度あります。日の入り時刻は、時差と同じく経度15度で1時間、つまり60分の差が生じます。したがって、60×5.6÷15＝22.4（分）より、22分24秒となります。今回は、日本の経度差から日の入り時刻を求めさせましたが、入試問題の多くは時差を求めさせる問題です。**時差の計算は、世界地理などの定番**ですので、しっかりと対策をしておきましょう。

・早稲田編

〜なぜ、関西国際空港が24時間離発着可能なのか？〜

【問題】

夏休みに日本中を旅したA君は、日本国内にはたくさんの空港があることに気がついた。そこで、A君は夏休みの自由研究として、「日本にある空港」について調べた。すると、日本国内には97の空港・飛行場があり、中には、通称や愛称をもった空港があることもわかった。表1は、A君がまとめた内容を抜粋《ばっすい》したものである。表1を見て、あとの各問いに答えよ。

問10　下線部⑩について、大阪府には2つの空港があるが、大阪国際空港は利用時間に制限があるのに対し、関西国際空港にはその制限がない。関西国際空港において、24時間飛行機の離発着が可能であるのはなぜか。大阪国際空港と関西国際空港のそれぞれの立地条件をふまえ、解答欄に合う形式で、簡潔に説明せよ。

〈早稲田佐賀中学校・平成28年度　改題〉

表1

地方区分	都道府県	空港の正式名称	空港の通称・愛称	利用時間	分類
北海道	北海道	①釧路空港	たんちょう釧路空港	8：00～21：00	A
東北	②岩手県	花巻空港	いわて花巻空港	8：00～19：30	A
	山形県	③庄内空港	おいしい庄内空港	7：00～22：00	B
関東	（　④　）県	百里飛行場	（　④　）空港	9：30～21：00	B
	東京都	⑤東京国際空港	羽田空港	24時間	A
	千葉県	⑥成田国際空港	成田空港	6：00～23：00	B
中部	石川県	⑦能登空港	のと里山空港	8：00～19：30	B
	長野県	⑧松本空港	信州まつもと空港	8：30～17：00	B
	静岡県	静岡空港	⑨富士山静岡空港	7：30～20：30	A
	愛知県	中部国際空港	セントレア	24時間	B
近畿	⑩大阪府	大阪国際空港	伊丹空港	7：00～21：00	B
		関西国際空港	関西空港	24時間	
中国	山口県	⑪岩国飛行場	岩国錦帯橋空港	7：00～22：00	A
四国	徳島県	徳島飛行場	徳島（　⑫　）空港	7：00～21：30	B
	⑬高知県	高知空港	高知龍馬空港	7：00～21：00	B
⑮九州	佐賀県	佐賀空港	（　⑭　）佐賀空港	6：30～21：00 0：30～4：30	A
	宮崎県	宮崎空港	宮崎ブーゲンビリア空港	7：30～21：30	B

【解答】

問10　（大阪国際空港は）陸上にある（のに対し、関西国際空港は）海上にある（から。）

【ここがポイント！☜】

この問題は、**早稲田佐賀中学校**で出題された問題です。**この年度から、早稲田佐賀中学校は記述問題が出題されるようになりました。**その初年度が今回取り上げた問題となります。この問題のポイントは、「**関西国際空港には何があるのか？**」を考えることです。関西国際空港に行ったことがある方ならわかる問題でしょう。

首都圏に住んでいる私たちは、きっと知らない人のほうが多いのではないでしょうか。しかし、大阪国際空港（伊丹空港）は騒音が大きな問題になったのは有名な話です。

なぜ関西国際空港は、わざわざ海上に建設をしたのか、もうおわかりでしょう。それは、**騒音《そうおん》の影響を少なくするため**です。飛行機から出る騒音は、日常生活に支障《ししょう》をきたす現代の都市公害の一つです。騒音の影響が少なければ、近隣《きんりん》住民も安心して生活をすることができますし、迷惑をかけることもありません。

このように、対比させたうえで答えをそれぞれ記述させる問題が出た場合、**逆の発想を考える**と答えが導き出せます。

【対策】

近年、**空港に関する問題は多くの中学校で出題されています。**例えば、**国内線の年間航空旅客《りょかく》輸送量のグラフ（図1）や空港別出入国者数の推移のグラフ（図2）**などはデータ読み取りの定番となっていますので、しっかりと対策をしておきましょう。

ちなみに、24時間離発着ができる空港は、関西国際空港以外に**羽田空港・中部国際空港（セントレア）・新千歳空港・北九州空港・那覇空港**があります。今後、24時間離発着ができる空港は、増えていくかもしれませんね。

また、大阪府は今まで都道府県の面積順位で最下位の47番目でしたが、**関西国際空港が泉州《せんしゅう》沖に完成されたことなどにより、香川県を抜《ぬ》いて46番目になった**ことも併《あわ》せて覚えましょう。

図１　(単位:万人)

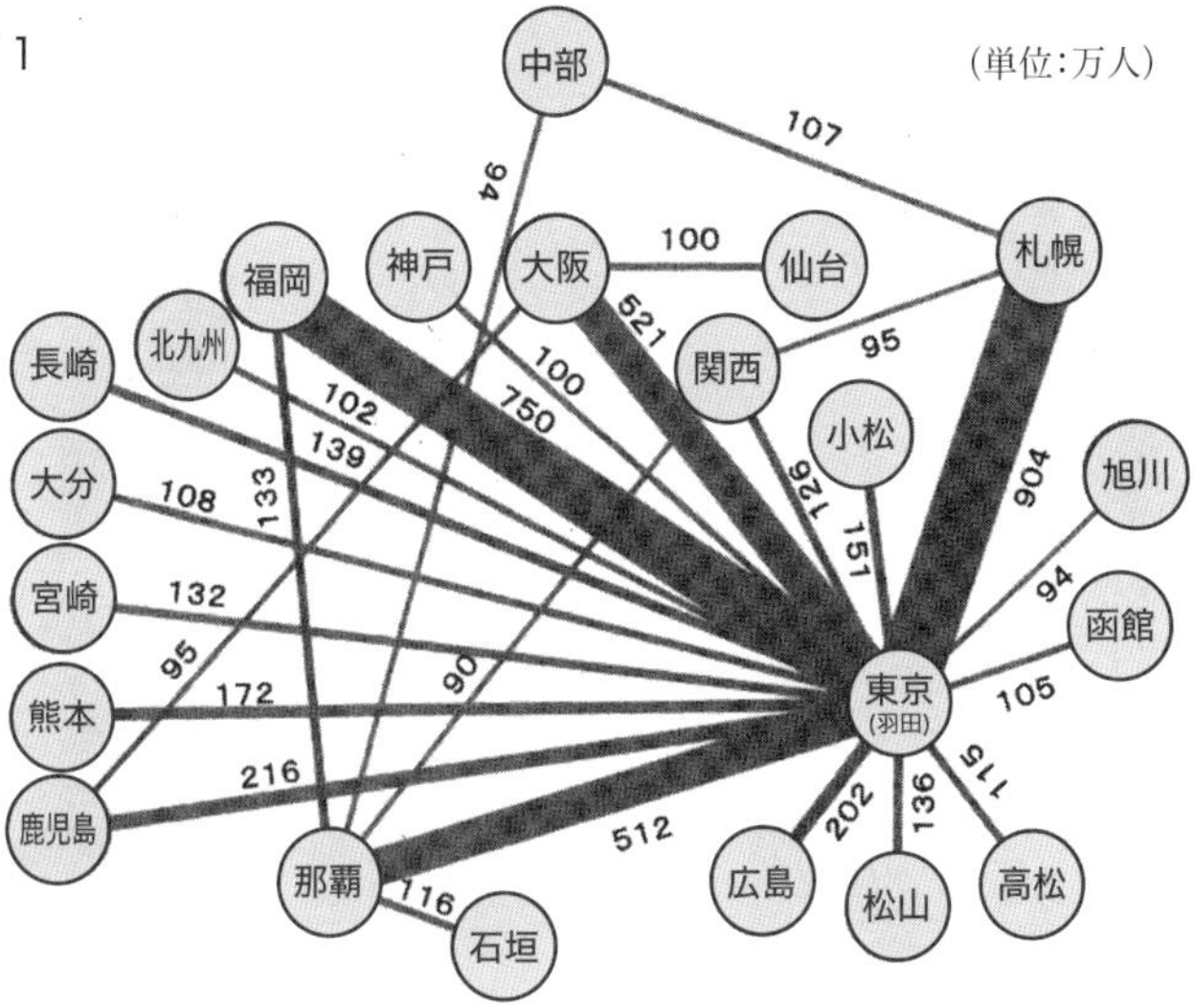

図２　空港別出入国者数の推移（万人）

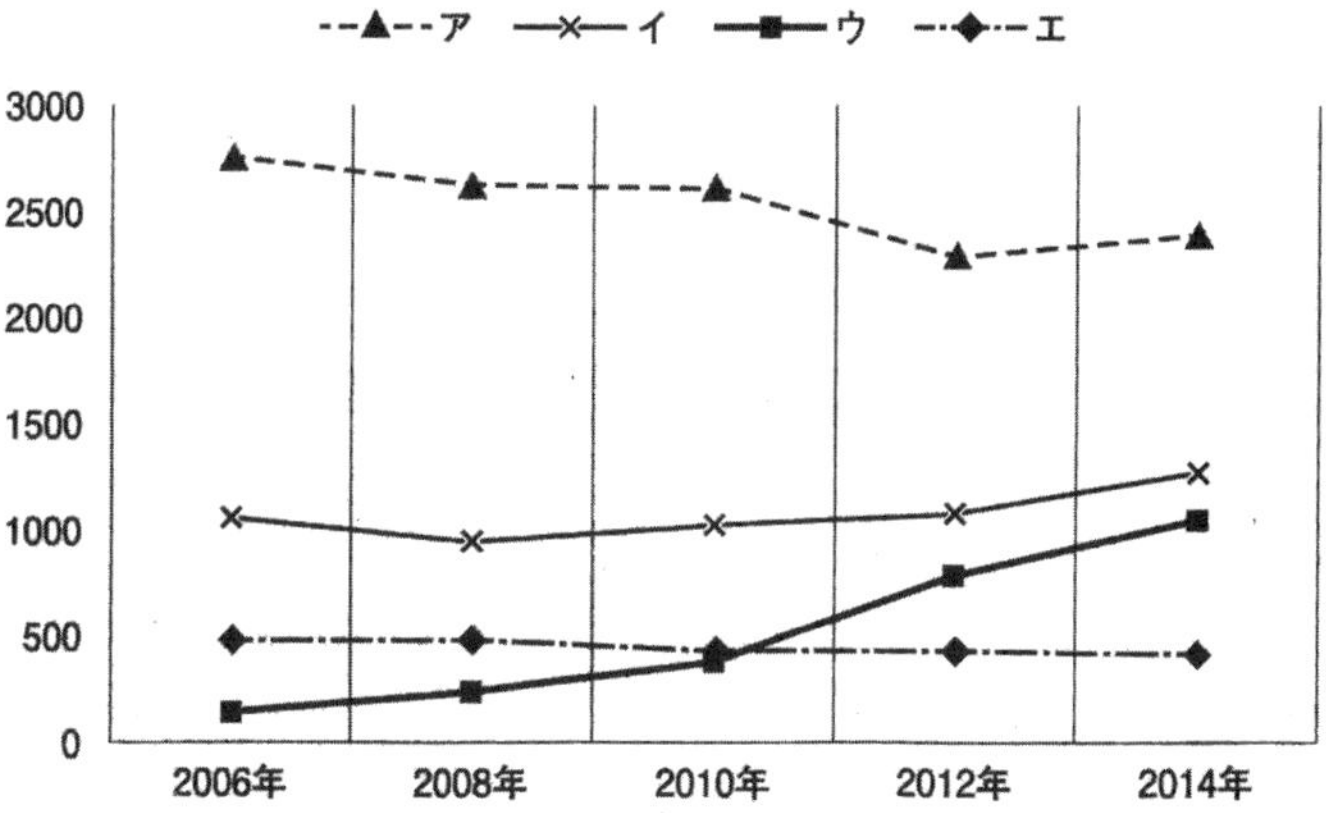

・早稲田編
〜えっ、王貞治《おうさだはる》さんや小室哲哉《こむろてつや》さんも入試に出るの？〜

【問題①】

次の文章を読んで、以下の各問いに答えなさい。

（中略）

そして、早稲田実業には大きな活躍をした卒業生として、福岡ダイエーホークス（現 福岡ソフトバンクホークス）を日本一に導いた監督《かんとく》の王貞治《おうさだはる》氏がいます。王貞治氏は早稲田実業に在学中も、そして[C]現役のプロ野球選手であった時代にも輝かしい実績を残しています。

（中略）

問4　傍線部Cについて、

① 王貞治氏は1977年に「広く国民から敬愛《けいあい》され、また社会に明るい希望を与えた者をたたえるための賞」の第1号を受賞しましたが、その賞の名称を漢字で書きなさい。

②　その賞を受賞した理由を具体的に説明しなさい。

〈早稲田実業学校中等部・平成12年度　改題〉

【解答】

問4　①　国民栄誉《えいよ》賞　②（例）ホームランの世界記録を更新したから。

【問題②】

次の歌は、ここ早稲田実業の卒業生である小室哲哉《こむろてつや》氏の作詞・作曲によるものです。そして、昨年7月に世界中の主要な国の代表者が集まって開かれた会議のテーマソングとして使われました。その会議について、以下の各問いに答えなさい。

遠い未来だった　遠い国だった　遠い想いだった　遠い記憶《きおく》だった
あなたとはずっと　前からきっと　巡《めぐ》り合うために　愛を誓《ちか》った
今までのことを　全部話そう　明日からのことを　もっと話そう
※1 Never End　Never End　私たちの未来は
Never End　Never End　私たちの明日は
※2 Fantasy　夢を見る　誰でも夢を見る

数え切れない　　　　　やさしさが支えている
※1　Never End（ネバーエンド）……終わりがないということ
※2　Fantasy（ファンタジー）…………幻想的《げんそうてき》な話
日本音楽著作権協会（出）許諾第2005850―001号

問1　この会議の名称をカタカナ4文字で答えなさい。
問2　次にあげる国の中で、この会議に参加していない国を2つ選び、記号で答えなさい。
ア．カナダ　　イ．オーストラリア　　ウ．フランス　　エ．イタリア
オ．イギリス　　カ．中国　　キ．アメリカ　　ク．ドイツ
〈早稲田実業学校中等部・平成13年度　改題〉

【解答】
問1　サミット　　問2　イ・カ

【ここがポイント！☜】
この問題は、**早稲田実業学校中等部**で出題されたものです。ここでは、**早稲田実業出身者の問題が出題**されました。

今回の問題では、王貞治氏と小室哲哉氏が問題に取り上げられました。まず、王貞治氏は、皆さんもご存知の通りプロ野球選手として数々の功績をあげてこられました。また、引退後は福岡ダイエーホークス（現　福岡ソフトバンクホークス）の監督として日本一に、第1回ワールドベースボールクラシック（ＷＢＣ）の日本代表監督として世界一に導くなど指導者としても数々の功績をあげてこられました。

問題①では、そんな王貞治氏が日本人第1号としてもらった賞について出題されました。皆さんなら答えられると思いますが、正解は国民栄誉賞です。国民栄誉賞は、１９７７年に「広く各界各層の国民に敬愛される人柄《ひとがら》をもち、かつ広く国民に親しみのある分野で前人未到《みとう》の業績をあげ、社会に明るい希望と話題を与えた人に贈《おく》られる賞」として内閣が創設《そうせつ》しました。王貞治氏は、１９５９年に早稲田実業高校を卒業して巨人に入団し、１９７７年にはホームラン通算756本本を打ち、ハンク・アーロン選手のもつ世界記録を抜《ぬ》きました。王氏は１９８０年に引退するまでホームラン記録を868本までのばしました。ちなみに、早稲田実業には「王貞治記念グラウンド」があります。

また、問題②では、小室哲哉氏が作詞作曲をした「ＮＥＶＥＲ　ＥＮＤ」を題材として、九州・沖縄サミットを答えさせる問題が出題されました。まず、小室哲哉氏についてですが、こちらも皆さんご存知の通り、音楽プロデューサーとしても有名な方です。また、問題として取り上げた「Ｎ

ＥＶＥＲ　ＥＮＤ」は安室奈美恵《あむろなみえ》さんの代表曲の1つで、聴《き》いたことがある方も多くいらっしゃるのではないでしょうか。ちなみに、早稲田実業には「小室哲哉記念ホール」があります。

このように、早稲田実業は、スポーツや芸能など多くの著名人《ちょめいじん》を輩出《はいしゅつ》した学校としても有名です。**早稲田実業出身者の問題は今後も出題される可能性があります**ので、対策しておきましょう。

【対策】

今回は、国民栄誉賞とサミットに関する問題を取り上げました。まず、国民栄誉賞ですが、過去には**早稲田佐賀中学校でも出題**されましたので、対策が必要です。詳しくは、第2章をご確認ください。

また、サミットは**時事問題と併せて出題される**場合が多いです。特に、**日本でサミットが開催された年は、その年の入試問題として出題されやすい**ので、覚えておきましょう。

まず、サミットとは何かを解説しましょう。サミットとは、先進国間の利害を調整するため、**先進工業国の7か国（アメリカ・フランス・イギリス・ドイツ・日本・イタリア・カナダ）の首脳とＥＵ（ヨーロッパ連合）の委員長で構成《こうせい》される先進国首脳会議**のことです。第1回は、1975年に開かれ、その後は毎年開催されるようになりました。1997年からは、**ロシア**（ロシアは、２０１４年以降、参加停止中）が参加し、**主要国首脳会議**と呼ばれるようになりました。

今後は、世界経済や人類の福祉といった視点から、政策の協調、協力体制を進めるために果《は》たす役割が求められています。

では、日本で開催されたサミットについてまとめてみましょう。


【日本で開催されたサミット】

サミット名	開催年	内閣総理大臣	備考
東京サミット	１９７９年	大平《おおひら》　正芳《まさよし》	日本初開催のサミット。
東京サミット	１９８６年	中曽根《なかそね》康弘《やすひろ》	
東京サミット	１９９３年	宮澤《みやざわ》　喜一《きいち》	
九州・沖縄サミット	２０００年	森《もり》　喜朗《よしろう》	日本初の地方開催サミット。
北海道・洞爺湖サミット	２００８年	福田《ふくだ》　康夫《やすお》	
伊勢・志摩サミット	２０１６年	安倍《あべ》　晋三《しんぞう》	

東京で開かれたサミットよりも、地方で開催されたサミットのほうが入試によく出ます。中でも九州・沖縄サミットは、日本初の地方開催ということもあり多くの中学校で出題されました。

このように、近年の日本では地方でサミットを行っています。今後、日本でサミットが開かれる場合は、**開催地と開催地に関する地理や歴史も併せて覚えておく**とよいでしょう。

・早稲田編
～トランプ大統領を説得するってどういうこと？～

【問題】

次の文章を読んで、以下の問いに答えなさい。

問７　アメリカ合衆国のトランプ大統領は就任直後、「日本はアメリカ製の車をほとんど買わないのに、日本製の車を大量にアメリカに輸出している。公平ではない。」という趣旨《しゅし》の発言をして日本を非難しました。あなたが日本の指導者だとしたら、日本の立場をトランプ大統領にどう説明しますか。表１～表４と、資料１～資料３を使って、トランプ大統領の怒りを静められるように説得を試みてください。

なお、説得にあたっては「相手の言い分を認める」「それをふまえてこちらの言い分を伝える」「相手にもメリットがあることを理解させる」この３つの要素を含めること。

表1　自動車会社別　販売台数（2018年）

	会社	本社	台数
1	フォルクスワーゲングループ	ドイツ	10,834,000
2	ルノー・日産・三菱自動車連合	フランス	10,757,000
3	トヨタ自動車	日本	10,603,000
4	ＧＭ（ゼネラルモーターズ）	アメリカ	8,384,000
5	現代自動車グループ	韓国	7,399,000
6	上海汽車	中国	7,052,000
7	フォード・モーター	アメリカ	5,982,000
8	本田技研工業	日本	5,323,000
9	ＦＣＡ（ﾌｨｱｯﾄ・ｸﾗｲｽﾗｰ・ｵｰﾄﾓｰﾋﾞﾙｽﾞ）	イタリア	4,842,000
10	ＰＳＡグループ	フランス	3,878,000
11	ダイムラー	ドイツ	3,352,000
12	スズキ	日本	3,327,000
13	ＢＭＷ	ドイツ	2,491,000
14	長安汽車	中国	2,138,000

表2　国別生産台数＜1999年＞

1	アメリカ	13,024,978
2	日本	9,895,476
3	ドイツ	5,687,692
4	フランス	3,180,193
5	カナダ	3,058,813
6	スペイン	2,852,389
7	韓国	2,843,114
8	イギリス	1,973,519
9	中国	1,829,953
10	イタリア	1,701,256
世界計		56,258,892

表3　国別生産台数＜2018年＞

1	中国	27,809,196
2	アメリカ	11,314,705
3	日本	9,728,528
4	インド	5,174,645
5	ドイツ	5,120,409
6	メキシコ	4,100,525
7	韓国	4,028,834
8	ブラジル	2,879,809
9	スペイン	2,819,565
10	フランス	2,270,000
世界計		95,634,593

表4　国別国内販売台数＜2018年＞

1	中国	28,080,577
2	アメリカ	17,701,402
3	日本	5,272,067
4	インド	4,400,136
5	ドイツ	3,822,060
6	イギリス	2,734,276
7	フランス	2,632,621
8	ブラジル	2,468,434
9	イタリア	2,121,781
10	カナダ	1,984,992
世界計		94,844,892

資料１　アメリカにおける自動車販売の割合（2018年）

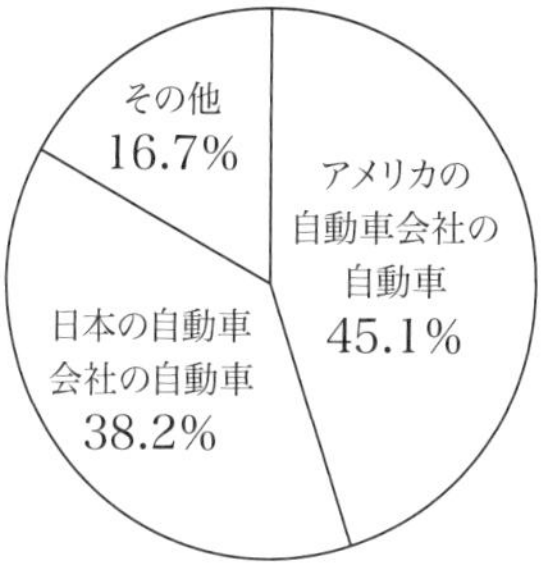

資料２　対米自動車輸出の推移

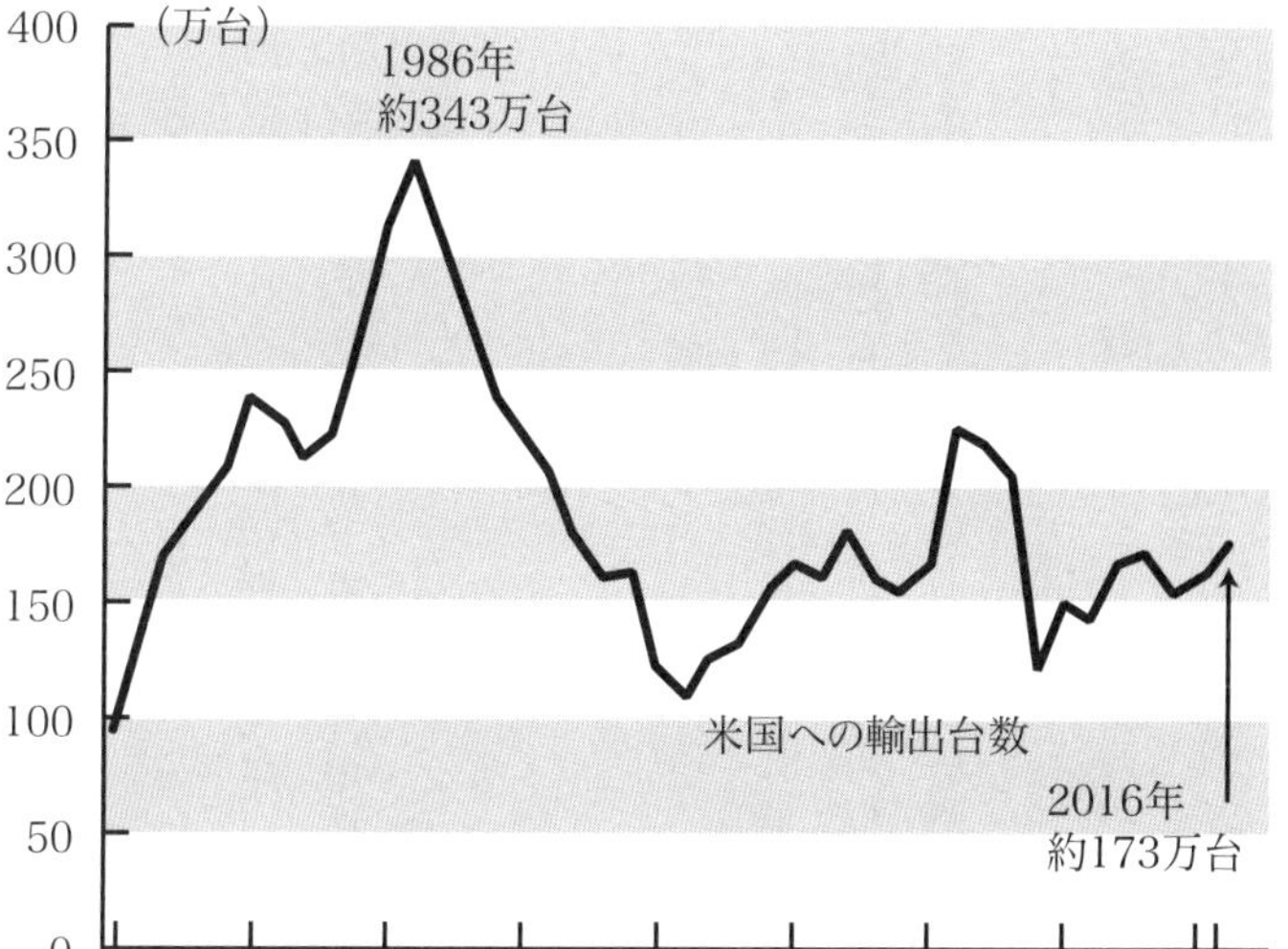

〈早稲田実業学校中等部・令和２年度　改題〉

資料３

トランプ大統領の支持基盤《きばん》の一つに、ラストベルト（さび付いた地域）と呼ばれる自動車産業が衰退《すいたい》した工業地帯の労働者がいます。

【解答】

問7 （例） たしかに日本は、多くの自動車をアメリカへ輸出している。しかし、アメリカへの輸出台数は、最も多かった1986年とくらべて半分ほどにまで減っている。また、販売の割合は、アメリカの自動車会社の自動車が最も多くを占めている。次いで日本の自動車会社の自動車が多くはなっているが、実際には現地生産を行うことで、アメリカの自動車産業において労働者の雇用《こよう》を生み出すことに貢献《こうけん》している。

【ここがポイント！☜】

この問題は、**早稲田実業学校中等部**で出題された問題です。ここでは、「世界の自動車会社別販売台数」を題材とした問題が出題されました。今回取り上げた問題以外は、この大問は全て本文の読み取りとグラフ・表の読み取り問題です。この問題は、**資料の読み取りが合否を分けるポイント**となっています。データ資料・図表の読み取りが苦手な場合は、早期に対策をする必要があります。

では、問7の問題に移りましょう。問7では、「あなたが日本の指導者だとしたら、日本の立場をトランプ大統領にどのように説明して、彼の怒りを鎮めるか」を記述する問題は、受験生の大半が多くの時間を費やしたことと思われます。この問題がわからなければ、自分が解ける問題に移りましょう。時間の使い方が試されるうえで、非常によい問題です。

【対策】

ここ数年、**早稲田実業学校中等部**の社会は、**長文記述の問題が出題**されています。例えば、平成31（令和元）年度では、次のような問題が出題されました。

それぞれの国が福祉について取る方向は以下の2つになると思われます。

A　教育費や医療費などを無料化（または安く）し、国民の生活が平等になるように国家が福祉を充実させる社会。ただし、その分みんなが高い税金を納めなければならない。

B　収入から差し引かれる税金は安いので、自分の手元には多くの資金が残せる社会。ただし、国家は国民の生活の面倒はあまり見てくれず、自分の今の生活や老後は、自分が蓄《たくわ》えた資金でまかなわなければならない。

あなたが望むのは、AとBのどちらの方向でしょうか。そのどちらかの記号を選んだうえで、そのマイナス面をふまえながら、なぜそのように考えるかの理由を150字前後で説明しなさい。

〈早稲田実業学校中等部・平成31（令和元）年度　改題〉

皆さん、どうでしたか。この問題は、「世界幸福度調査」を題材にしています。ここでは、「各国が福祉について取る方向をA・Bのどちらか記号で選んだうえで、そのマイナス面をふまえながら、なぜそのように考えるのか理由を150字前後」で答えさせます。受験生の大半は、この問題に多くの時間を費やしたことと思われます。

ちなみにAの答えは、「高い税金を納めなければいけないが、その分教育や医療、老後の生活など国が保障してくれるので安心して暮らすことができ、国民の所得格差も広がらない。しかし、多額の歳出《さいしゅつ》で国の財政赤字がふくらんで福祉などのサービスがとどこおったり、増税などで国民の負担がさらに重くなったりすると、かえって生活が苦しくなる可能性がある。」です。

そして、Bの答えは、「納める税金が安いので収入や蓄財《ちくざい》を増やすことで豊かな生活ができ、働き次第《しだい》では大きな財産を築くこともできる。また、社会保障に対する国の歳出も減るので、財政を健全な状態にもどせる。しかし、病気やけがで働けなくなったり会社が倒産して失業したりすると、国の保障がないので生活が苦しくなり、国民の貧富の差も広がってしまう。」となります。

このように、早稲田実業学校中等部の長文記述は、自分の考えを答えさせたり、相手を説得させたりとユニークな問題が出題されています。まずは、**早稲田実業学校中等部の過去問をしっかりと解き、その学校のクセを見抜くことが重要です**。敵を知らずに対策をするのはよくありません。早速、実践してみましょう。

・慶應編
～中国地方の日本海側と瀬戸内海側の分水嶺《ぶんすいれい》を知ってる？～

【問題】

5．下の地図には、中国地方の主な河川が描《えが》かれています。日本海側と瀬戸内海側の分水嶺を、この地図の線Aから線Bまで、一つながりの線ではっきりと書き入れなさい。

〈慶應義塾普通部・平成29年度　改題〉

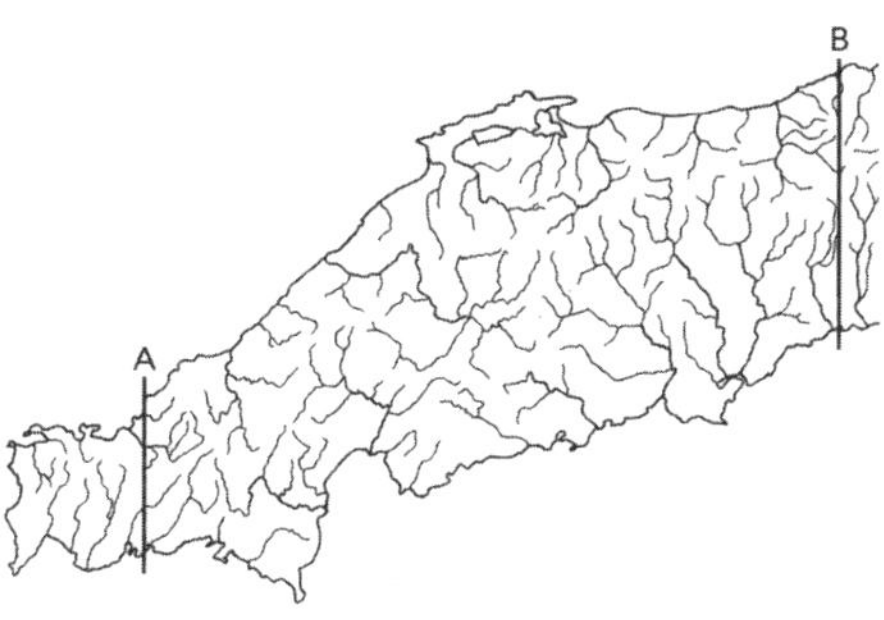

【解答】

【ここがポイント！☜】

この問題は、**慶應義塾普通部**で出題された問題です。慶應義塾普通部としては、珍《めずら》しく**作図の問題が出題**されました。理科では、複数回、作図問題が出題されていましたので、受験生の多くは対策をしていたと思いますが、「まさか、社会で作図問題が出題されるなんて。」と思ったのではないでしょうか。多くの受験生は、この問題に戸惑《とまど》ったと思います。

そもそも、「分水嶺《ぶんすいれい》」とは何でしょうか。まずこの言葉の意味を知らなければ、解けませんよね。「分水嶺」とは、降った雨水がそれぞれ反対側に流れる境界線をなす稜線《りょうせん》（山の峰《みね》から峰へ続く線。尾根《おね》）のことをいいます。問題として取り上げた中国地方では、中国山地が日本海に流れる川と瀬戸内海に流れる川の分水嶺になっています。ただし、その稜線は単純ではないので、地形図でそれぞれの川がどちらに流れているかを判断し、水源にあたる部分を確認して線を引きましょう。

もっとわかりやすく説明すると、**分岐《ぶんき》していないところ・枝分《えだわ》かれしていないところ**をたどって線を引けばよいのです。そうすれば、この問題は簡単に解けます。

【対策】

作図の問題は、慶應義塾普通部だけではなく、**慶應義塾中等部でも出題**されています。このように多くの中学校で出題されていますので、対策が必要です。

その際、**地図帳**を有効活用しましょう。普段からお子様は、地図帳を多く使っていますか。恐《おそ》らく多くの方は、使っていないと答えるでしょう。第1章でも説明しましたが、慶應の社会は、いかに**自分の頭の中で日本地図がイメージできているか**が重要なのです。そのためには、普段の学習から地図帳を見る習慣を身につけておかなければならないのです。

・慶應編
~救急車に書かれている「救急」が反転しているのはなぜ?~

【問題】

次の文を読んで左の問いに答えなさい。

慶太《けいた》君は先生と一緒に街を歩きながら、気づいたことを話し合いました。

慶太君は、①救急車の車体の前側に書いてある文字に興味を持ちました。これは、車を運転している人が［1］ときに、緊《きん》急車両がそばに近づいているとすぐにわかるようにするための工夫だそうです。

(中略)

1. 傍線部①は左のようになっていました。［1］に当てはまる状況《じょうきょう》を15字以内で書きなさい。

〈慶應義塾普通部・平成28年度　改題〉

【解答】

1.（例）バックミラーなどで後《うし》ろを見た

【ここがポイント！☞】

この問題は、**慶應義塾普通部**で出題された問題です。今回は、身の回りにある文字や標識を題材にした問題を取り上げました。

示された「救急」の文字は逆向きになっていますが、鏡に映せば普通の文字として読めるようになっています。これは、後ろから近づく救急車を、先行する車の運転手がバックミラーなどで確認したときにわかりやすくするためです。救急車などの緊急車両が来た場合、運転手は道を譲《ゆず》らなければなりませんが、救急車のサイレン音に気づかなくても目で見てわかるように工夫がなされています。

【対策】

今回のように、身の回りにあるものを題材にした問題はこの他にもたくさんあります。例えば、**道路標識《ひょうしき》**などは今後、入試問題として扱われる可能性があります。是非、自分の住んでいる町にはどんな道路標識があるのか調べてみましょう。その際、その標識にはどんな意味があるのかも知っておくとよいでしょう。

また、東京オリンピックが開催されることで**ピクトグラム（トイレのマークなど）**も注目しておく必要があります。ピクトグラムとは、わかりやすい絵と色の違いなどで誰にでも一目で意味がわかるようにイラストにしたものをいいます。

そんなピクトグラムが生み出されたのは、１９６４年の東京オリンピックなのです。当時日本は、戦後の復興が進み、高度経済成長の真っただ中でした。世界中のトップアスリートが一堂に集《つど》うオリンピックは、戦後の新しい日本を世界にアピールする大きなチャンスでした。しかし、文化の違う外国の人たちをどうやって「おもてなし」したらよいか、何かいい方法がないかと模索《もさく》した結果、言語に関係なく誰でも理解できるピクトグラムが生み出されたのでした。そして、ピクトグラムは今や世界各国で幅広く親しまれるようになったのです。

このような背景を知ったうえで、東京オリンピック・パラリンピックを観戦すると違った見方が発見できるのではないでしょうか。

・慶應編

～「インバウンド」「イノベーション」ってどんな意味？～

【問題】

次の①・②の傍線部を漢字の表現に、③～⑤の傍線部をカタカナの表現に直したとき、左のあ～とから、最もふさわしいものをそれぞれ選んで記号で答えなさい。

① 海岸に工場をつくる際には、環境アセスメントを行う必要がある。

② 遺伝子組み換え技術によって、食品トレーサビリティに注目が集まっている。

③ 大きな地震で水道や電気・ガスなどが止まって、住民の生活に影響がでている。

④ これからの時代、大きな技術革新《かくしん》が起こると、今ある職業はなくなるかもしれない。

⑤ 近年の外国からの訪日需要《じゅよう》の増大に対応するため、大都市ではホテルが増えている。

あ．対策会議　　い．消費期限　　う．影響事前評価　　え．持続可能性

お．有機栽培　　か．追跡可能性　　き．緊急輸入制限　　く．品質表示
け．セキュリティ　　こ．ユニバーサル　　さ．ライフライン　　し．インバウンド
す．マスメディア　　せ．ビッグデータ　　そ．ラッシュ　　た．リストラ
ち．イノベーション　　つ．ハイブリッド　　て．リピーター　　と．コンプライアンス

〈慶應義塾普通部・平成30年度　改題〉

【解答】

①　う　　②　か　　③　さ　　④　ち　　⑤　し

【ここがポイント！☞】

この問題は、**慶應義塾普通部**で出題された問題です。①・②はカタカナの表現を漢字の表現に、③〜⑤は漢字の表現をカタカナの表現に直したとき、正しい答えを記号で選ばせる問題です。ちなみに、この問題は**大問1**です。**いきなり応用力のいる問題が出題されたのです。**多くの中学校入試では、大問1から応用力が試される内容は出題されないので、ほとんどの受験生が躓《つまず》いたと思われます。**大問1を1分以上考えてしまったら、その問題は飛ばしましょう。**試験時間が30分という短い時間で全部の問題を解き、見直しまで終了しなければなりません。時間配分を自分で

考えて解くうえで良い問題であると思われます。

【対策】

では、問題を詳《くわ》しく見てみましょう。①の「アセスメント」とは評価・査定という意味の英語で、日本では「**環境アセスメント**」のように用いられます。環境アセスメントとは大規模《きぼ》な開発を行う際、その開発が環境にあたえる影響《えいきょう》を事前に評価する「**影響事前評価**」のことで、1997年に成立した**環境アセスメント法**（**環境影響評価法**）に基《もと》づいて行われます。

次に②の「トレーサビリティ」とは、食品の安全を確保するため、生産・加工・流通などの過程《かてい》を明らかにできるようにする「**追跡《ついせき》可能性**」のことをいいます。2003年には牛肉、2010年には米のトレーサビリティ法が成立しました。

次に③ですが、水道や電気・ガスなどは、人々の生活の生命線になることから、「**ライフライン**」と呼ばれます。電話・インターネットなどの通信手段や鉄道・バスなどの交通機関もふくまれます。

次に④ですが、一般に、「**イノベーション**」は技術革新の意味で用いられ、新製品の開発だけでなく、新しい生産方式や市場、原料や資源を生み出すような変革を指します。

最後に⑤の日本を訪れる外国人観光客は「**インバウンド**」、日本から海外への旅行者は「**アウトバウンド**」といいます。

この中で、①の「アセスメント」や②の「トレーサビリティ」は、**テキストに必ず載《の》っています**。しかも**太字で載っています**。それくらい重要な言葉ですので覚えましょう。

なお、「け」は「安全保障・防犯」、「こ」は「世界的な、全てに共通する」、「す」は「情報媒体《ばいたい》」を意味します。「せ」はインターネットなどで集められた膨大《ぼうだい》な情報の集合体、「そ」は一般に通勤時の混雑、「た」は主に企業が人員を削減《さくげん》したり解雇《かいこ》したりすることを指します。「つ」は本来は「雑種」という意味の英語ですが、現在は異種のものの組み合わせを指す用語として用いられます。「て」は「繰《く》り返す人」を、「と」は「法令順守《じゅんしゅ》」を意味する英語で、特に企業経営において用いられることが多いです。

最近では、テレビなどで「イノベーション」や「インバウンド」という言葉を耳にする機会も増えてきました。その際は是非、お父様やお母様が教えてあげてください。

・慶應編　〜「STマーク」ってなに？〜

【問題】

私たちは生活の中でたくさんマークを目にします。マークにはいろいろな種類があり、さまざまなかたちで私たちに情報を伝えています。これについて次の問いに答えなさい。マークは白黒で表してあります。また一部加工しているものもあります。

1．次のAとBに当てはまるマークを、下のア〜コからそれぞれ選んで記号で答えなさい。

A　いろいろな配慮《りょ》を必要とする人たちが安心して生活ができるように作られたマーク

B　地球環境を守ることを目的として作られたマーク

2. 左のマークは、私たちの身近なものにつけられているマークです。どんなものについていますか。次のア～オから一つ選んで記号で答えなさい。また、私たちにどんな情報を伝えていますか。簡単に説明しなさい。

ア．乳製品　イ．文房具　ウ．自動車　エ．おもちゃ　オ．家具

3. 最近は、左の二つのマークもよく見かけます。これらのマークが多く使われるようになってきた理由としてふさわしいものを、次のア～カからすべて選んで記号で答えなさい。

ア．外国人がたくさん日本に来て働くようになった。
イ．携《けい》帯電話などの電子機器が発達した。
ウ．大量の商品を短時間に生産し、流通させ、消費する社会となった。
エ．多くの情報を素早く処理することが求められるようになった。
オ．日本の65歳以上の人口比率が急速に上昇《しょう》し、高齢社会となった。
カ．高速道路を利用する自動車が増えた。

〈慶應義塾普通部・平成19年度　改題〉

【解答】

1. A　ウ・オ・コ　B　イ・エ・ク

2. エ　説明……（例）子どもが安心して使えるものであること。

3. イ・ウ・エ

【ここがポイント！☜】

この問題も、**慶應義塾普通部**で出題されたものです。この問題にでてきたいろいろな表示マークは、多くのモノについています。皆さんも、いろいろな場面で見たことがあるのではないでしょうか。このように、慶應義塾普通部は**身近なものを入試問題として取り上げる**ことが多いです。そのわかりやすい例が今回のような問題です。普段、私たちが何気なく目にしている、手にしているところにも入試問題の題材があるということを認識させられたのではないでしょうか。

【対策】

では、問題を見てみましょう。1．のAの「いろいろな配慮を必要とする人たち」とは、高齢者や障がいのある方、妊産婦《にんさんぷ》、幼児、けがや病気の人などのことです。ウは**優先席を表すマーク**で、電車の車内で見かける高齢者などのための優先席です（現在では高齢者に限らず弱者のための優先席となっています）。オは**障がいのある方が安心して利用できる建物や施設であることを**

示すマーク、コは妊産婦への思いやりを表す**マタニティマーク**です。Bの地球環境を守ることを目的とするマークとしては、イの**ペットボトルのリサイクルマーク**、エの「地球にやさしい」という表示のある**エコマーク**、クの**再生紙の利用率を表すマーク**があります。

なお、アは優秀な意匠《いしょう》（デザイン）につけるGマーク、カは日本産業規格、キは日本農林規格、ケは飲用牛乳の公正取引を証明する公正マークです。

2．のST（セイフティ・トイ）マークは、玩具《がんぐ》（おもちゃ）につけられるもので、安全基準に合格した商品であることをしめします。

3．左のバーコードシールは、製造業者名や商品名などの情報を表示するもので、売り上げ集計や在庫量のチェックなどに用いられています。右のQR（クイック・レスポンス）コードは衣料品などにつけられるマークで、店頭での販売情報を素早くつかんで売れ筋商品の追加生産体制をとるために用いられています。いずれも、電子機器の発達とそれにともなう情報化社会に対応し、商品の生産・流通を円滑《えんかつ》に進めることを目的としています。よって、イ・ウ・エが正解となります。QRコードは、携帯電話やスマートフォンの読み取りでよく目にすることがありますので、皆さんも知っているのではないでしょうか。

今回、取り上げたマークは、**スーパーマーケットやバス・電車などの公共交通機関**にあるものばかりです。是非、皆さんもお子様と一緒に見つけてみてはいかがでしょうか。

・慶應編
～なぜ、高速道路や新幹線が開通すると小売業の収入が減少する？～

【問題】

6．小売業の収入の減少に悩む市町村が、高速道路の開通や鉄道の高速化を待ち望むことがあります。しかし実際には、それらが実現したことで、かえって小売業の収入が減少した市町村もあります。それらの市町村ではなぜそのようなことが起きたのか説明しなさい。

〈慶應義塾普通部・平成29年度　改題〉

【解答】

6．（例）高速道路や鉄道ができたことで移動が便利になり、多くの人々が大都市に買い物に行くようになるから。

【ここがポイント！☞】

この問題は、**慶應義塾普通部**で出題された問題です。高速道路や新幹線が開通し、高速道路のインターチェンジや新幹線の駅が設けられると、人が集まり経済が活性化して「まちおこし」につながるとして、その地域の人々は大きな期待をいだきます。

しかし、現実には交通の便がよくなったぶん、地元（小都市）の人々が大都市に買い物に行くようになり、かえって小売業の収入が減少するという現象が起こります。これを「**ストロー現象**」といい、交通網《もう》を細長い1本のストローに例えたもので、小都市の人や物資などがストローで吸い上げられるようにして大都市に流れ、小都市が衰退《すいたい》してしまう場合があります。

今回の問題のように、「**えっ、そんなことがあるの？」と思わせるような問題**を出すのが慶應義塾普通部です。「ストロー現象」のような問題は、ほんの一例ですので、しっかりと過去問を何十年分も解いて、「あっ、こんな問題が出るんだ！」ということを体験してください。

【対策】

「ストロー現象」をもっと詳しく説明します。交通網が整備されると、交通基盤《きばん》の「**口**」に当たる大都市に経済活動が集中し、「**コップ**」に当たる市町村・地域の経済活動が逆に衰《おとろ》えます。特に「**ストロー**」に当たる長く細い（1本の）通り道だけで大量の移動が起き、途中の中継地に移動に伴《ともな》う経済効果が、ほとんどないものを特徴とします。このように「ストロー現象」が起きているところは、日本に多くあります。では、実際にどのようなところにあるのか見ていきましょう。

【代表的な日本のストロー現象】

コップ	ストロー	口
東北地方	高速バス路線・新幹線など	仙台都市圏《けん》
木更津都市圏	東京湾アクアライン	京浜《けいひん》
金沢都市圏	北陸新幹線	首都圏
奈良盆地	第二阪奈《はんな》有料道路・国道308号・近鉄奈良線など	大阪都市圏
高松都市圏	瀬戸中央自動車道（瀬戸大橋）・瀬戸大橋線	岡山都市圏
徳島都市圏・淡路島	神戸淡路鳴門《なると》自動車道（明石海峡大橋）	京阪神《けいはんしん》
山陰《さんいん》都市圏	浜田自動車道	広島都市圏
九州	JR九州・高速バス・航空機・九州自動車道	福岡都市圏

「ストロー現象」については、**塾であまり教わらない内容**ですが、このように**聞いたことがないことも入試では問われます。**自分で勉強をしてわからない言葉などがあれば、塾の先生に聞いてみましょう。

・慶應編
〜なぜ、京都・奈良の町並みに電柱がないの?〜

【問題】
問4　京都では、伝統的な町の風景を守るために電柱をなくして石畳《いしだたみ》の道路を整備しています。このように法律や条例を定めて、歴史的な町並みを守る取り組みが各地で行われています。地元の人びとが歴史的な風景を残しながら、現在の暮らしに合うように建物や町並みに手を加えるとき、どのような注意や工夫が必要か説明しなさい。

〈慶應義塾湘南藤沢中等部・平成27年度　改題〉

【解答】
問4　(例)　建物の外観を残しながら、内部の改装《かいそう》をある程度認めるなど、住む人の生活や仕事に支障《ししょう》が出ないようにすることや、保存、修築にかかる費用については国や自治体が補助金を出すようにすること。

【ここがポイント！☜】

この問題は、**慶應義塾湘南藤沢中等部**で出題された問題です。慶應義塾湘南藤沢中等部では、過去に**記述問題が3年連続で出題されたことがありました**ので、対策をしておく必要があります。

今回は、京都の町並みを題材にした問題が出題されました。皆さんも京都などに出かけたことがあればわかると思いますが、京都の町並みに普段、見慣れているあるものがないこと気づきましたか。それは、電柱です。

ではなぜ、電柱をなくすようにしたのでしょうか。理由としてはいくつかあります。

① **風情《ふぜい》豊かで歴史的な町並み景観《けいかん》の保全・再生**

② **都市の防災機能の向上**

③ **安全で快適な歩行空間の確保**

このような取り組みは、京都だけの話ではありません。東京でも、東京オリンピックが開催される前までに無電柱化が進んでいます。皆さんの住んでいる地域ではどうでしょうか。今回を機に、散策《さんさく》してみてはいかがでしょうか。

【対策】

歴史的な町並みを守りながら現在の暮らしに合うように手を加える場合には、建物の外観などはできるだけ元の形をとどめるようにし、必要に応じて内部の改装を認めるなど、住んでいる人の生活や仕事に支障が出ないようにするなど、経済的な支援も必要です。

また、保存や修築にかかる費用については、国や自治体が補助金を出すようにするなど、経済的な支援も必要です。なお、1966年に制定された古都保存法（古都における歴史的風土の保存に関する特別措置《そち》法）によって、**京都・奈良・鎌倉**と政令で指定されたその他の市町村において、歴史的に重要な建物・景観などを保存することが定められています。

今回のような記述は、ちょっと難しかったかもしれません。しかし、多くの記述問題は、考えれば解ける問題ばかりです。第2章でも説明しましたが、対策をしっかりと行えば記述は解けるようになります。次に挙げる3つをもう一度、説明しますので、すぐにでも実践をしてください。

① **ニュースや新聞を見て、自分が思ったこと・感じたことを相手に伝える。**

↓例えば、朝食・夕食時にお父さん・お母さんに対して自分の意見を述べる。

② **今、世の中はどのようになっているかを常に意識する。**

↓例えば、ニュースや新聞を見る時間を作る。これは、時事問題の対策にもなる。

③ **日頃から、関心や興味を持つ。**

↓例えば、その日に自分が関心・興味を持ったことをノートにまとめる。

これらは、一回で身につくものではありません。繰り返し行うことで効果が出てきます。是非、今日から実践しましょう。

・慶應編
～神社の参拝《さんぱい》（手水舎《ちょうずや》）の正しい作法とは？～

【問題】

問3　手水舎での一般的な作法について、1～3を正しい順に並べ替えなさい。

一礼した後、右手で柄杓《ひしゃく》を取って手水をすくう。

⇩

1　口をそそぐ（手に受けた水で）　2　左手を洗う　3　右手を洗う

⇩

再び左手を洗い、柄杓を立てて柄を洗い流す。柄杓を元の位置にふせて置き、最後に一礼する。

〈慶應義塾中等部・平成26年度　改題〉

【解答】
問3　2・3・1

【ここがポイント！☜】
この問題は、**慶應義塾中等部**で出題された問題です。皆さんの中には、この問題を一度見たことがある方もいらっしゃるのではないでしょうか。

まず、この問題を見たとき、「**これって、社会の問題なの？**」と思いませんでしたか。そこがポイントなのです。慶應義塾中等部では、この問題を皮切りに数年間連続して、「**日常生活に関する問題**」**が出題**されています。**日常生活に関する問題は、机上《きじょう》の勉強で身につくものではありません。**塾のテキストに頼った勉強方法では合格点を稼《かせ》ぐことはできないといえるでしょう。**ご家庭内で日本の風習や習慣をお子様に教えてあげる**ことに加えて、**専門の対策ができる個別指導での学習**が必要であると思われます。

【対策】
皆さんも神社に初詣《はつもうで》などで参拝した際に一度は経験したことがあると思います。その時を思い出してみてください。

寺社《じしゃ》での参拝の前に手や顔を洗い清《きよ》めることを手水《ちょうず》といい、参道や社殿のわきにある手水を行う施設を手水舎といいます。一般的な作法として、手水舎では、まず一礼をし、右手で柄杓を取り、手水をすくって左手を洗い、柄杓を左手に持ち替えて右手を洗い、再び柄杓を右手に持ち替えて左手の手のひらに少量の水を溜《た》め、その水で口をそそぎ、左手で口元をかくして口にふくんだ水を、音をたてずに吐《は》き出します。

初詣などは、お正月の行事の一環《いっかん》として行うものです。**この時期にしかできない体験を通して、子どもは色々なこと・ものに興味を持ちます。**それが、自分の新しい知識となって学習につながるのです。慶應義塾中等部は、「**自分で考える**」「**自分で判断する**」「**自分で行動する**」**そして**「**その結果に責任を持つ**」**人材を求めている**のです。

・慶應編

～和食の正しい配膳《はいぜん》の仕方は？／和食・フランス料理の正しいテーブルマナーはどれ？～

【問題】

問7　和食の配膳《はいぜん》（下の図）として正しいもの選びなさい。

問8　和食のマナーとして**正しくないもの**を選びなさい。

1　汁ものから口をつける

2　茶わんやおわんを手に持って食べる

3　料理を一品ずつ食べきってから次の料理を食べる

（中略）

問11　フランス料理のマナーとして**正しくないもの**を選びなさい。

1　皿を手に持って食べる

2　食事の合間に一息つくときは、フォークとナイフを「ハの字」にして皿の上に置く

3　食べ終わったら、フォークとナイフをそろえて皿の上に置く

〈慶應義塾中等部・平成28年度　改題〉

1

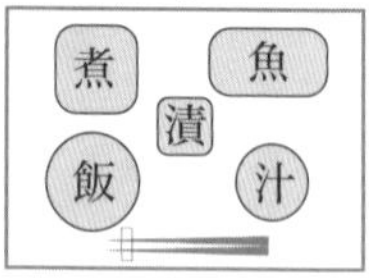

2

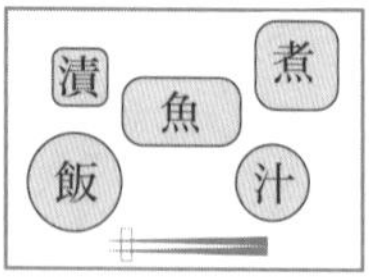

3

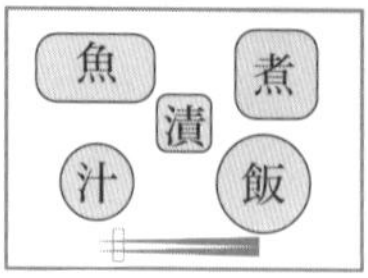

（凡例）　飯…ご飯　　汁…汁もの　　魚…焼き魚　　煮…さといもの煮物　　漬…漬物

【解答】
問7　1　問8　3　問11　1

【ここがポイント！☜】

この問題は、**慶應義塾中等部**で出題された問題です。ここでは、和食の配膳と和食・フランス料理のテーブルマナーについて出題されています。

和食の配膳・和食のテーブルマナーについては、「**うちの子どもは教えているから、大丈夫！**」と思っていませんか。**実は、多くの生徒が間違っているのです。**事実、私が今まで教えてきた生徒に同じ質問をしてみると、**間違って覚えているあるいは、知らなかったという生徒が多かったです。**この事実を知ったとき、私はショックを受けました。私たちの子どもの頃は、箸《はし》の持ち方や使い方、茶わんの持ち方、食べ方などを教えられて育ってきたので、知っていて当たり前のように思っていました……。

このように、慶應義塾中等部の社会は、**当たり前のように知っていることを、当たり前のように出題します**ので、慶應義塾中等部を第一志望にしている方は、対策をしておきましょう。

【対策】

それでは、問題を見ていきましょう。まず、問7の問題ですが、和食においては、「ご飯」を左手前、「汁もの」を右手前、主菜を右奥、副菜を左奥に置き、漬物などはそれらの間に置くのが正しい配膳とされています。ご飯を左、「汁もの」を右に置く理由については、「日本では価値が上のものを左に置く『左上位』の考えがあるから」「食べるときに左手に持ち、上げ下ろしすることが最も多い『ご飯』茶わんを左側に置いたほうが食べやすいから」など、諸説あります。

次に問8ですが、和食を食べる際には、最初に汁ものに口をつけます。これには、先に箸を湿《しめ》らせることでご飯などを食べやすくするという意味もあるとされています。また、茶わんやおわんは左手に持って食べます。さらに、配膳された料理のうち一品だけを集中的に食べることはマナーに反するとされています。

最後に問11ですが、皿を持って食べるのは、フランス料理ではマナー違反とされています。

特に、ここで挙げた**和食の配膳は、すぐにでもできること**です。是非、お子様には今日からでも食器の配膳をさせてください。

・慶應編

～1年間の日本の伝統行事が答えられる？～

【問題】

次の文章を読んで、各問に答えなさい。

日本にはさまざまな年中行事があります。このうちの節句とは、季節の節目《ふしめ》に豊作、無病息災《そくさい》や子孫繁栄《はんえい》を願う伝統的な行事を指します。江戸時代に幕府が定めたものが、人日《じんじつ》・上巳《じょうし》・端午《たんご》・七夕《しちせき》・重陽《ちょうよう》の「五節句」で、それらは植物の名前で呼ばれることもあります。

それでは、関東地方に伝わる風習を中心に、主な年中行事を見てみましょう。

まず、正月を迎《むか》えるにあたって、家の門の前に一対《いっつい》の［あ］を立てたり、部屋の中には鏡餅《かがみもち》を飾《かざ》ります。おせち料理を用意しますが、おせちが詰《つ》められた［い］は外側が黒塗《ぬ》り、内側は朱《しゅ》塗りのものがよく使われます。一般的には正月三が日に参拝することを［う］といいますが、元日には初日の出を拝《おが》んだり、2日には書き初めをする人もいます。また、3日には元始祭が行われます。初夢に見ると縁起《えんぎ》が良いとされることわざに「一（㋐）二（㋑）三（㋒）」があります。そして、1月7日が〔Ａ〕の節句です。この日は、1年の無病息災を願って〔Ａ〕粥《がゆ》を食べます。また、※松の内が終わった1月11日には［え］が行われることが多いです。

次に、3月3日は〔Ｂ〕の節句です。ひな祭りでは女の子の健《すこ》やかな成長を祈《いの》ります。ひな人形は上から順に、1段目には内裏雛《だいりびな》(男雛《おびな》と女雛《めびな》)を並べ、2段目には［お］、3段目には五人囃子《ばやし》と続きます。一般的には〔Ｂ〕の花、ひなあられ、菱餅《ひしもち》なども飾ります。また長崎のお吸い物を食べて祝います。

続いて、5月5日が端午の節句で、〔Ｃ〕の節句ともいいます。五月人形とは、男の子の誕生を祝ったり、成長を願うために飾る人形のことです。家の中に飾る「内飾り」には、鎧《よろい》や兜《かぶと》飾りなどがあります。また、屋外には「外飾り」といって、立身出世《りっしんしゅっせ》(将来の無事と成長)を祈るために［き］を飾ります。この日に〔Ｃ〕湯に浸《つ》かることで、暑い夏を丈夫《じょうぶ》に過ごせるようになるともいわれています。

さらに、7月7日は七夕の節句です。〔Ｄ〕の節句とも呼ばれています。織姫《おりひめ》と彦星《ひこぼし》が年に一度だけ天の川で会うことが許されている日と伝えられ、人びとは［く］に願い事を書いて、〔Ｄ〕の葉に飾ります。

最後は9月9日の〔Ｅ〕の節句です。不老長寿《ふろうちょうじゅ》(健康であり長生きすること)を願います。「お九日（くんち）」とも呼ばれ、長崎くんち（10月7～9日）はその名残ともいわれています。この日には、食用〔　E　〕やそれを浮《う》かばせた酒の他、栗《くり》ごはんや秋茄子《なす》を楽しみます。

※松の内……もともとは元日から1月15日までを指すが、近年は1月7日くらいまでを指すことが多い。

問1　あ　～　え　に入る言葉を選びなさい。

1　一般参賀　2　鏡開き　3　門松　4　熊手《くま》
5　重箱　6　初詣《もうで》　7　升《ます》　8　餅つき

問2　お　～　く　に入る言葉を選びなさい。

1　右大臣・左大臣　2　絵馬　3　鯉《こい》のぼり　4　三人官女《かんじょ》
5　短冊　6　羽子板　7　はまぐり　8　松茸《まつたけ》

問3〔A〕～〔E〕に入る言葉の組み合わせとして、正しいものを選びなさい。

1　A　笹《ささ》　B　菊《きく》　C　七草　D　桃《もも》　E　菖蒲《しょうぶ》
2　A　菖蒲　B　笹　C　菊　D　七草　E　桃
3　A　七草　B　桃　C　菖蒲　D　笹　E　菊
4　A　桃　B　菖蒲　C　笹　D　菊　E　七草

問4 (ア)～(ウ)に入る組み合わせとして、正しいものを選びなさい。
1 ㋐富士 ㋑鷹《たか》 ㋒茄子《なすび》　2 ㋐姫 ㋑太郎 ㋒茄子
3 ㋐富士 ㋑鷲《わし》 ㋒茄子　4 ㋐富士 ㋑鷹 ㋒胡瓜《きゅうり》
〈慶應義塾中等部・平成27年度 改題〉

【解答】
問1 あ 3 い 5 う 6 え 2
問2 お 4 か 7 き 3 く 5
問3 3 問4 1

【ここがポイント！☞】

この問題は、**慶應義塾中等部**で出題された問題です。日本の伝統行事は、**多くの中学校があまり出題をしない内容ですので、慶應義塾中等部が日本の伝統行事を出題したのは、非常に珍しいです。**ここでは、日本の伝統行事の「五節句」を中心に出題しています。そもそも五節句とは、**人日《じんじつ》・上巳《じょうし》・端午《たんご》・七夕《しちせき》・重陽《ちょうよう》**を指します。

五節句のうち人日は、1月7日です。漢の時代の中国で、1月の6日までは獣畜《じゅうちく》を占《うらな》い、7

日に人を占ったことからの名とされています。また、1月7日は、「**七草**」とも呼ばれ、春の七草を使った七草粥を食べます。春の七草は、せり・なずな・ごぎょう（ははこぐさ）・はこべら（はこべ）・ほとけのざ（たびらこ）・すずな（かぶ）・すずしろ（だいこん）の7つです。

上巳は、3月3日です。陰暦《いんれき》で3月初めの巳《み》の日でしたが、のちに3日となりました。また、3月3日は「**桃《もも》の節句**」でその起源は中国の上巳節によります。

端午は、5月5日です。「端」は初めという意味です。もとは月の初めの午《うま》の日でしたが、「午」が「五」に通じることから5月5日となりました。また、端午の節句は「菖蒲《しょうぶ》の節句」とも呼ばれ、菖蒲を飾ったり、菖蒲湯に浸かったりします。菖蒲は「尚武《しょうぶ》」（武芸を重んじること）に通じることや、菖蒲の葉が刀に似ていることから、男の子の節句に用いられました。

七夕は、7月7日です。中国の牽牛《けんぎゅう》と織女《しょくじょ》の伝説と、日本古来の棚機津女《たなばたつめ》（織機をあつかう女性のことを指し、神にささげる布をけがれを知らない女性が特別な小屋にこもって織る習慣があった）が結びついたものといわれています。また七夕は「**笹《ささ》の節句**」とも呼ばれ、笹の枝や葉に願い事を書いた短冊などをつるし、さまざまに飾りつけます。なお、笹とは小型の竹の総称です。

重陽は、9月9日です。最大の陽の数（古代中国では奇《き》数は縁起のよい「陽」の数、偶《ぐう》数は縁起の悪い「陰《いん》」の数とされています）である「九」が重なる（たいへんめでたい）ことによります。また、重陽の節句は「**菊《きく》の節句**」とも呼ばれます。旧暦《きゅうれき》9月が菊の花が咲く時期であることによるもので、菊は不老長寿の薬とされることから、食用菊を食べたり、その花びらを浮かべた酒を飲んだりします。ただし、現代の暦《こよみ》では時期がふさわしくないこともあり、他の節句ほど行われなくなっています。

なお、3月3日、5月5日、7月7日も陽の数が重なる日です。

皆さん、どうでしたか。是非、この情報を知ったうえで「五節句」を体験してみてはいかがでしょうか。

【対策】

日本の伝統行事は、この他にもたくさんあります。次の表は1年間の日本の伝統行事をまとめたものです。日付は2020年のものとなっています。

是非、この表を活用していただき日本の伝統行事を実際に体験してください。

日本の年中行事

年中行事	日付（2020年）	行うこと
正月	1月1日	おせち料理やお雑煮を食べる・初詣に行く
人日《じんじつ》（七草）	1月7日	七草粥《がゆ》を食べる
鏡開き	1月11日	鏡餅を下ろし、おしるこを食べる
小正月	1月15日	小豆粥を食べる
二十日正月	1月20日	小豆粥・鮭《さけ》・塩鰤《しおぶり》などのかす汁・あら煮など、地域によってさまざまなものを食べる
節分	2月3日	豆まきをする・鰯《いわし》や恵方巻を食べる
初午	2月9日	いなり寿司を食べる
桃の節句	3月3日	ひな人形を飾る ちらし寿司・蛤《はまぐり》のお吸い物・白酒・菱餅・ひなあられなどを食べる
彼岸	3月17日～23日	ぼた餅を食べる・お墓参りをする
花祭り	4月8日	甘茶を飲む
花見		桜を見る・花見団子などを食べる
端午の節句	5月5日	五月人形や鯉のぼりを飾る 柏餅・ちまきなどを食べる 菖蒲湯《しょうぶゆ》に浸かる
夏至	6月21日	タコを食べる（関西地方）
七夕	7月7日	短冊に願い事を書いて、笹の葉に飾る そうめんを食べる
お盆	7月15日	精進《しょうじん》料理・白玉団子・そうめん・型菓子を食べる お墓参りをする
土用の丑の日	7月21日 ／8月2日	うなぎ・土用餅・土用しじみ・土用卵・「う」のつく食べ物を食べる
お盆（月遅れ）	8月15日	精進《しょうじん》料理・白玉団子・そうめん・型菓子を食べる お墓参りをする
重陽の節句	9月9日	菊酒を飲む・栗ご飯を食べる
彼岸	9月19日～25日	おはぎを食べる・お墓参りをする
十五夜	10月1日	月見団子・栗ご飯・豆・里芋を食べる ススキを飾り、月を見る
十三夜	10月29日	月見団子・栗ご飯・豆を食べる
七五三	11月15日	女の子は3歳と7歳、男の子は3歳と5歳になったら、神社で七五三詣を行う
冬至	12月21日	かぼちゃ・小豆粥を食べる ゆず湯に浸かる
大晦日	12月31日	年越しそばを食べる・除夜の鐘をつきに行く

・慶應編

〜なぜ、日本の家屋には縁《えん》の下が必要なのか？〜

【問題】

次の文章を読んで各問に答えなさい。

問3　なぜ日本家屋《かおく》には縁の下が必要なのでしょうか。20字以内で答えなさい。

問4　暑い夏の日々を少しでも快適《かいてき》に過ごすため、日本人が古くから行ってきた「工夫や慣習《かんしゅう》」をひとつ挙げなさい。

〈慶應義塾中等部・平成29年度　改題〉

【解答】

問3　(例)　床下《ゆか》に風を通すことで湿気《しっけ》を防ぐため。

問4　(例)　打ち水をする。／すだれやよしずで直射日光をさえぎる。／浴衣《ゆかた》を着る。／風鈴《ふうりん》をつるす。

【ここがポイント！☞】

この問題は、**慶應義塾中等部**で出題された問題です。ここでは、日本家屋《かおく》を題材にした問題が出題されています。慶應義塾中等部では、この問題もふくめて**5年連続で「生活知識に関する問題」が出題されました。**

年度ごとに見てみると、

- **国民の祝日に関する問題（平成25年度入試・大問6／令和2年度入試・大問1で出題）**
- **神社の参拝に関する問題（平成26年度入試・大問2で出題）**
- **日本の年中行事に関する問題（平成27年度入試・大問2で出題）**
- **和食の配膳とマナー・フランス料理のマナーに関する問題（平成28年度入試・大問1で出題）**
- **日本家屋に関する問題（平成29年度入試・大問3で出題）**

今回の問題では、「縁の下」の重要性と暑い日を快適に過ごすために日本人が古くから行ってきた「工夫や慣習」について出題されています。

日本家屋に縁の下が設けられているのは、日本は湿度《しつど》が高いため、床の下に風を通すことで湿気が部屋にこもるのを防ぐ必要があったからです。

また、暑さをやわらげるための工夫としては、「打ち水」があります。路地や庭先などに水をまく打ち水は、水が蒸発《じょうはつ》するときの気化熱《きかねつ》により気温を下げるなどの働きがあります。この他にも、すだれやよしずで日差しを避《さ》ける、浴衣《ゆかた》のようなすずしい衣服を着る。風鈴《ふうりん》をつるしてすずしさを感じられるようにする、といったことが挙げられます。

このように慶應義塾中等部の社会で高得点を取るためには、**「生活知識」の対策を行うことが必要です。**

【対策】

日本の家屋に関する内容では、この他にも知っておくべき言葉がたくさんあります。例えば、「**土間**《どま》」・「**茶の間**」・「**囲炉裏**《いろり》」・「**大黒柱**《だいこくばしら》」・「**敷居**《しきい》」という言葉をお子様は知っていますか。この解説を見て、是非お子様に教えてあげてください。

「土間」とは、玄関《げんかん》から入ってすぐのところに設けられた、床を張《は》らずに土足で歩けるようにした空間をいいます。

「茶の間」とは、食事をするなど、家族が集《つど》い、生活の中心となる部屋をいいます。

「囲炉裏」とは、居間の中央部の床を四角にくり抜き、灰を敷《し》き詰《つ》め、薪《たきぎ》を燃やして湯をわかしたり鍋《なべ》を加熱したりできるようにしたものをいいます。寒い日には暖《だん》をとることもできます。

「大黒柱」とは、家屋の中心となる太い柱をいいます。土間と座敷《ざしき》の境の部分に設けられる場合も多いです。

「敷居」とは、部屋の周囲にある、溝《みぞ》をつけて引戸《ひきど》や障子《しょうじ》、襖《ふすま》などを滑《すべ》りやすくした部分をいいます。敷居と対になる上の部分の横木が「鴨居《かもい》」です。

今回、あげた内容はほんの一部に過ぎません。こういったことを知るためには、いつくかあります。

①　**お父様・お母様の実家に連れていき、日本家屋を見せる。**

②　**日本旅館に実際、泊まってみる。**

③　**テレビドラマやアニメなどを観せる。**

①・②に関しては、時期をみて行く機会があればとなりますが、③は、すぐにでもできることですので、是非行ってください。

また、福澤諭吉先生の『学問のすすめ』には、「具体的に学ぶべきは『**実際に生かせる学問**』**つまり実学である。**」とし、以下の6つの実学をすすめています。

① **読書をする**
（社会に置き換えると、本・雑誌・新聞・マンガ・テレビ・インターネットなどで日本や世界の情勢を知る）

② **観察をする**
（社会に置き換えると、スーパーマーケットに行って野菜や果物などの産地を知る・旅行などに行って色々なものに触れる）

③ **推理をする**
（社会に置き換えると、問題の答えをただ書くだけではなく、時代背景やその前後に何が起きたのかを考える）

④ **議論をする**
（社会に置き換えると、家族での会話をたくさん行い、情報量や語彙《ごい》力を増やす）

⑤ **文章を書く**
（社会に置き換えると、自分の考えや答えを誰かに伝えるときは文章にまとめる）

⑥ **演説をする**
（社会に置き換えると、今日学んだことをお父さん・お母さんに説明をする）

是非、試してみてください。

・慶應編

～富士山・青函《せいかん》トンネル・瀬戸大橋の位置を作図できる？～

【問題①】

次の文章を読んで、次の問いに答えなさい。

問1　左の白地図のなかに、関東地方の境界線を書き入れなさい。ただし、点線部分をていねいになぞること。また、富士山頂の位置に「×」印を書き入れなさい。

〈慶應義塾中等部・平成22年度　改題〉

【解答】

問1

【問題②】

次の文章を読んで、次の問いに答えなさい。

問5　青函《せいかん》トンネルの位置を左の白地図に「＝」で書き入れなさい。

〈慶應義塾中等部・平成23年度　改題〉

【解答】

問5

【問題③】

次の文章を読んで、次の問いに答えなさい。

問5　左の白地図に、瀬戸大橋のルートを「┃」で記入しなさい。

〈慶應義塾中等部・平成24年度　改題〉

【解答】

問5

【ここがポイント！☜】

この問題は、**慶應義塾中等部**で出題された問題です。**社会の入試で作図をさせるのは、慶應附属中学校の中で、慶應義塾中等部が最も多いです。**慶應義塾中等部を第一志望にされている方は、対策をしておきましょう。

それでは、今回の問題を一つずつ見ていきましょう。

まず、問題①ですが、関東地方に属するのは群馬県・茨城県・栃木県・埼玉県・東京都・千葉県・神奈川県の1都6県です。なお、この**1都6県に山梨県が追加されると首都圏となります。**また、富士山ですが、**山梨県と静岡県の県境**に位置しています。

次に問題②ですが、青函《せいかん》トンネルは青森県の津軽《つがる》半島先端の竜飛崎《たっぴざき》と、北海道の松前《まつまえ》半島先端の白神岬《しらかみみさき》付近を通る全長53・85キロメートルの海底トンネルで、1988年に開通しました。なお、慶應義塾中等部では、過去に北海道新幹線が通過する**津軽海峡《かいきょう》**を答えさせる問題が出題されました。

最後に問題③ですが、瀬戸大橋は**本州四国連絡橋**の1つで、1988年に開通した倉敷市児島《くらしきしこじま》（岡山県）と坂出市《さかいで》（香川県）の間を通るルートです。

ちなみに、この他の本州四国連絡橋をまとめておきましたので、確認しておきましょう。

【本州四国連絡橋】

本州四国連絡橋	ルート
瀬戸大橋	倉敷《くらしき》市児島《こじま》（岡山県）～坂出《さかいで》市（香川県）
明石海峡大橋	神戸市垂水《たるみ》区（兵庫県）～淡路《あわじ》市（兵庫県）
大鳴門橋《おおなるときょう》	南あわじ市（兵庫県）～鳴門《なると》市（徳島県）
瀬戸内しまなみ海道	尾道《おのみち》市（広島県）～今治《いまばり》市（愛媛県）

特に、本州四国連絡橋は、入試問題として出題される割合が高いので、対策をしておきましょう。

【対策】

作図ではありませんが、似たような問題として、次のような問題が出題されました。

【問題】

資料❶において、①神戸市（県庁所在地）、②日本標準時子午《しご》線、③阪神・淡路大震災の震源地《しんげんち》について正しい組み合わせを1～6の中から選びなさい。

（資料❶）

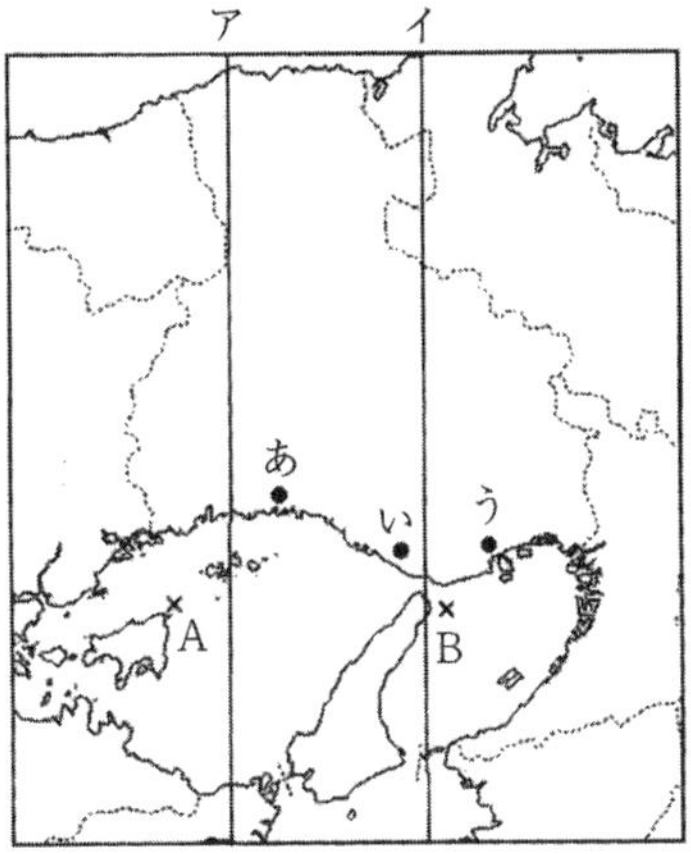

1　①あ　②ア　③A
2　①あ　②イ　③B
3　①い　②ア　③A
4　①い　②イ　③B
5　①う　②ア　③A
6　①う　②イ　③B

〈慶應義塾中等部・平成30年度　改題〉

【解答】　6

ここでは、**兵庫県の県庁所在地である神戸市の位置、日本標準時子午線の明石市《あかしし》の位置、阪神・淡路大震災の震源地の正しい組み合わせを答えさせる問題**が出題されました。

では、この問題の解説をします。兵庫県の県庁所在地である神戸市は大阪湾に面し、沿岸部には人工島のポートアイランドや六甲《ろっこう》アイランド、神戸空港がつくられているので、「う」になります。ちなみに、「あ」は姫路《ひめじ》市、「い」は明石市です。

次に、日本標準時子午線となっている東経135度の経線は、京都府北西部や明石市、和歌山県の友ケ島《ともがしま》などを通っていますので、イとなります。

最後に、1995年1月17日に起こった兵庫県南部地震は、淡路島北部（地図中のB）を震源とし、マグニチュード7.3、最大震度7を記録しました。大都市直下型の地震であったため、神戸市やその周辺地域では大きな被害が発生しました（阪神・淡路大震災）。

第1章でも説明しましたが、慶應義塾中等部は、「**自分の頭の中で日本地図がイメージできるか。」を確認する問題が出題**されてきていますので、普段の学習から地図帳を見る習慣を身につけましょう。

あとがき

皆さんいかがでしたか。きっとこの本を読んでいただいて、『早慶の社会』のイメージが180度変わったことと思います。

それは、この本を通じて皆さんが早慶付属中学の問題を多く見てきたからです。実際に今まで読んできてそう思いませんでしたか。

例えば、早稲田中学校だったら、世界地理と時差などの計算問題が、早稲田実業学校中等部なら統計資料の読み取り問題が、早稲田大学高等学院中学部なら、記述問題（字数指定の長文記述も含《ふく》む）が、早稲田佐賀中学校であれば、九州地方に関する問題が出題されます。

また、慶應義塾普通部だったら、地理や歴史を多角的・多面的に見る問題が、慶應義塾湘南藤沢中等部なら地形図の読み取り問題が、慶應義塾中等部であれば、日常生活や日本の衣食住に関する問題が出題されています。

このように、それぞれ同じ早稲田・慶應であっても当然のように特徴やクセが違うことが、この本を読んでいろいろとわかったと思います。そして、特徴やクセがわかれば、自分の第一志望校としている中学校の自己分析もできるようになるのです。さらには、問題を作る先生方の好みもわかるようになるのです。

また、特徴やクセのある内容が得意分野であれば、**「自信へと繋《つな》がり、失点をしないようにしよう！もっと、点数が伸びるように勉強をしよう！」**と思うようになります。そして、その内容が苦手分野であれば、**「今、この時期にわかって良かった！すぐに勉強をして得意にしよう！」**と思うようになります。

最後に、皆さんにお伺いします。

『早慶の社会』のイメージがどのように変わりましたか。

☑「難関進学校のようにムズかしい知識を問われない！」
☑「覚えることが多すぎて大変ということはない！」
☑「最初から頭の良い子しか受かる学校ではなく、ちゃんと対策をすれば受かる学校である！」
☑「教科書や参考書レベルの問題が多く出題されている！」
☑「塾の最上位クラスの生徒ばかりが受験する学校だから、頑張っても無理ということはない！」

このように変わりましたよね。この本に書いてあったことを実行していただけたら、私が今までに指導してきた生徒たちと同じように社会の得点力は上がるはずです。

この本を読んでくださり、ありがとうございます。ここで紹介させていただいたことによって、皆さんのお子様の社会の成績が上がり、志望校合格の後押しができれば、この上ない幸せです。

早慶維新塾　社会科責任者

望月　裕一

■著者プロフィール■

望月裕一（もちづき　ゆういち）

大手不動産会社から中学受験業界への転身を遂げた異色の講師。
大手進学塾にて、逆転合格に導いた生徒は数知れず。その後、中学受験業界のカリスマ野田英夫にヘッドハンティングされ、東京・四ッ谷「早慶道場」で文系主任を経て四谷本部校の支部長に就任。早慶中学合格率全国ナンバー１の実績を達成。
現在では、早慶中学受験専門塾「早慶維新塾」で御茶ノ水本部校・慶應三田校・神田駿河台校、３教室の教室長を務めている。社会科責任者としても毎年、多くの生徒たちを早慶逆転合格に導いている。

早稲田・慶應中学の社会
偏差値40台からの大逆転合格法

2020年8月20日　初版第1刷発行

著　者　　望　月　裕　一
編集人　　清　水　智　則
発行所　　エール出版社
〒101-0052　東京都千代田区神田小川町2-12
信愛ビル４Ｆ
e-mail　info@yell-books.com
電　話　03(3291)0306
ＦＡＸ　03(3291)0310

＊定価はカバーに表示してあります。
乱丁・落丁本はおとりかえいたします。

ISBN978-4-7539-3472-0